MELANIE ÖHLENBACH

GRÜNER GEHT'S NICHT

NACHHALTIG GÄRTNERN AUF DEM BALKON

KOSMOS

INHALT

Bei den genannten Personenbezeichnungen wird jeweils nur die männliche Form, zum Beispiel Gärtner, verwendet. Das Buch wird dadurch leichter lesbar. Bitte habt dafür Verständnis.

Nachhaltig auf dem Balkon gärtnern

von Melanie Öhlenbach

Bahn fahren, Bio-Lebensmittel kaufen, faire Kleidung tragen: Nachhaltigkeit hat in vielen Lebensbereichen Einzug gehalten. Wir machen uns Gedanken, wie wir unseren ökologischen Fußabdruck verkleinern können. In meinem Fall habe ich ein Konto bei einer nachhaltigen Bank, beziehe Ökostrom, kaufe bio und secondhand ein und versuche, Müll so weit wie möglich zu vermeiden.

Meinen Balkongarten jedoch hatte ich lange Zeit aus meinen nachhaltigen Überlegungen ausgeklammert. Gärtnern – das klingt doch an sich schon grün und gut: Pflanzen verwandeln das Großstadtgrau in eine grüne Oase, produzieren Sauerstoff und leckeres Essen, das ich nicht mehr kaufen muss. Und wenn dann auch noch eine Hummel von Blüte zu Blüte brummelt, umso besser.

Doch je mehr ich mich mit dem Thema Garten und Nachhaltigkeit beschäftigte, desto mehr wurde mir bewusst, dass mein schöner Balkongarten in vielerlei Dingen alles andere als nachhaltig war: Die Gefäße waren neu und aus Plastik, die Erde enthielt Torf und die Pflanzen stammten nicht immer aus biologischem Freilandanbau. Ich hatte einfach das gekauft, was es im Handel gab. Frei nach dem Motto: Hauptsache Grün auf dem Balkon! Dass es auch grüner gehen könnte – darüber hatte ich mir ursprünglich keine Gedanken gemacht

Alternativen zu finden, ist aber auch gar nicht so einfach. Traurigerweise spielt das Thema Nachhaltigkeit in der grünen Branche (noch immer) eine untergeordnete Rolle. Im Handel, in den schönen Verpackungen, hinter den blumigen Worten und den bunten Comic-Bildchen von glücklichen Bienen finde ich leider meist nicht das, was ich unter nachhaltig verstehe.

Was ist das eigentlich, Nachhaltigkeit? Unter Gärtner*innen offensichtlich vor allem eine Frage der persönlichen Philosophie: Während manche ausschließlich Bio-Pflanzen kaufen, setzen andere auf regionale, heimische Gewächse. Gefäße aus Plastik sind für die einen okay, wenn sie aus Recyclingmaterial oder zweiter Hand stammen. Für andere sind sie ein absolutes No-go.

In meinem Balkongarten versuche ich inzwischen, komplett auf Plastik zu verzichten. Stattdessen nutze ich das, was ich habe, und mache vieles selbst. Mein Ziel: Müll vermeiden und sinnvolle Kreisläufe schließen – angefangen bei Gefäßen und Geräten über Pflanzen bis hin zu Wasser und Dünger. Das schont Ressourcen und spart außerdem Geld.

Das Herz meines Balkongartens bilden torffreie Erde und ökologische Pflanzen. Biologisch aufgewachsen und clever eingesetzt, unterstützen sie sich gegenseitig und spenden Tieren Nahrung. Davon profitiere schließlich auch ich, weil ich köstliche, gesunde Lebensmittel ernten kann.

Mein Wissen, meine Erfahrungen und die Ergebnisse meiner Recherchen haltet ihr nun in euren Händen. In diesem Gartenbuch findet ihr Ideen, Anregungen und Anleitungen, wie ihr euer kleines Paradies nachhaltig gestalten könnt.

Mein Dank geht an alle, die mich bei der Entstehung und Erstellung des Buches sowie beim nachhaltigen Balkongärtnern mit Rat, Tat und Geduld unterstützt haben und es in Zukunft tun wollen: Wenn ihr tolle nachhaltige Balkonideen habt, freue ich mich über eure Nachricht!

Lasst uns die Balkone grüner machen – nachhaltig!

NACHHALTIGE AUSRÜSTUNG

GEFÄSSE FÜR BALKONPFLANZEN MÜSSEN NICHT NEU SEIN

Vieles könnt ihr gebraucht erwerben, selber bauen und im wahrsten Sinne des Wortes mit neuem Leben füllen. Upcycling schont Ressourcen und verleiht eurem Balkongarten einen einzigartigen Charme.

GUTE GARTENGERÄTE ERLEICHTERN DIE ARBEIT

Für die Pflege eines Balkongartens benötigt ihr weder Rasenmäher noch Heckenschere. Eine minimalistische, aber hochwertige Ausstattung genügt. Und sollte doch etwas fehlen, findet sich im Haushalt sicherlich Ersatz.

Gefäße und Geräte

Wer auf dem Balkon gärtnern will, braucht keine teure Ausrüstung. Mit Kreativität finden sich schnell passende Gefäße. Hochwertige Geräte halten bei guter Pflege meist ein Leben lang.

An meinen ersten Besuch als frisch gebackene Balkongärtnerin im Gartencenter kann ich mich noch recht gut erinnern. Was glaubte ich nicht alles kaufen zu müssen: Töpfe, Kübel und Balkonkästen samt Halterungen, Untersetzern und Übertöpfen. Eine kleine Schaufel und eine Handhacke. Handschuhe für trockene und feuchte Gartenarbeiten. Fertige Rankhilfen, Stäbe und Stangen in verschiedenen Größen. Eine große, praktische und eine schicke, kleine Gießkanne.
An der Kasse musste ich dann ziemlich schlucken. Dabei hatte ich noch nicht einmal Erde, Pflanzen und Dünger mitgenommen und immer das billigste Produkt ausgewählt!
Heute kann ich über mein Verhalten nur den Kopf schütteln. Nicht nur, weil vieles aus meiner Erstausstattung inzwischen kaputt gegangen ist. All diese Gefäße und Geräte von vornherein neu anzuschaffen, war nicht gerade clever – und in der Summe alles andere als nachhaltig.
Denn so ziemlich alles, was wir an Gefäßen und Geräten für den Balkongarten benötigen, bekommen wir kostenlos bei Gemüsehändlern und auf dem Wochenmarkt oder haben wir im eigenen Haushalt: Obstkisten zum Bepflanzen, Zeitungen zum Auslegen, Karaffen zum Gießen. Was fehlt und wir nicht selber machen können, findet sich auf Flohmärkten, in Kleinanzeigen, in der gartenverrückten Nachbarschaft oder im Familien- und Bekanntenkreis. Vielleicht könnt ihr auch etwas teilen oder leihen?
Das Geld, das wir auf diese Weise sparen, ist in guter Erde, ökologischen Pflanzen und nicht zuletzt in einer hochwertigen Gartenschere nachhaltiger angelegt. Die hatte ich damals in meinem Shoppingwahn tatsächlich vergessen.

KÄSTEN, KÜBEL & CO

Was im Garten das Beet, ist auf dem Balkon das Pflanzgefäß. Neben klassischen Kübeln und Kästen können Kräuter, Gemüse und Blumen in clever upgecycelten Gegenständen nachhaltig Wurzeln schlagen.

Die Krux mit dem Plastik

Kunststoff ist das Material, in dem wohl die meisten Balkonpflanzen wohnen. Es ist leicht und zerfällt nicht sofort in Scherben, wenn das Gefäß herunterfällt.
Doch Kunststoff hat seine Tücken. Ist es nicht UV-beständig, können sich Weichmacher durch Sonneneinstrahlung lösen. Das macht die Gefäße spröde und brüchig. Vollständig zersetzen tut sich Plastik nicht: Es zerfällt im Laufe von Jahrhunderten in immer kleinere Teile, dem Mikroplastik. Das Recycling ist nicht einfach. Die schwarzen Töpfe, in denen Jungpflanzen verkauft werden, können wir zwar in den Gelben Sack und die Wertstofftonne geben. Dass das Material wiederverwendet wird, scheitert aber bislang an der Technik: Die meisten automatischen Sortiermaschinen erkennen sie aufgrund ihrer Farbe nicht. Besser geht es bei gelb- oder blaugefärbten, die schon zum Teil aus recyceltem Plastik bestehen.
Balkonkästen und Kübel aus Kunststoff müssen in der Regel im Restmüll oder Sperrmüll entsorgt werden, da sie keine Verpackungen sind.
Problematischer sind Gefäße aus Fiberglas. Diese glasfaserverstärkten Kunststoffe können – wenn überhaupt – nur aufwändig aufbereitet werden. Schlimmstenfalls landen sie jedoch auf der Deponie und in der Verbrennungsanlage.
So praktisch Kunststoffgefäße also sind: Für einen nachhaltigen Balkon eignen sie sich nur bedingt. Wer darauf nicht verzichten will, findet im Bekanntenkreis, über Kleinanzeigen und auf dem Sperrmüll sicherlich noch intakte Exemplare, die es so lange wie möglich zu nutzen gilt. Für den Anbau von Essbarem sind Gefäße aus lebensmittelechtem Kunststoff ratsam. Und wenn es doch etwas Neues sein muss, nehmt Töpfe aus Recyclingmaterial.

1. Erhöhte Beete machen das Gärtnern bequem.

2. Pflanztaschen gibt es inzwischen auch aus gefilzter Jute.

3. Plastikfreie Pflanzentöpfe auf einer Gartenfachmesse. Im Handel haben sie sich noch nicht durchgesetzt.

2

3

Natürliche Materialien

Nachhaltiger, aber schwerer und teurer sind Kübel und Töpfe aus Keramik, Ton und Terrakotta, die regional hergestellt und nicht aus Niedriglohnländern importiert werden. Unglasiert sind sie wasser- und luftdurchlässig: Die Wurzeln werden gut mit Sauerstoff versorgt, müssen aber häufiger gegossen werden. Frostfeste Gefäße können im Winter draußen bleiben.
Kisten und Kästen aus unbehandeltem, heimischen Holz eignen sich für den Anbau von Gemüse, Obst und Kräutern. Hängeampeln lassen sich mit einem Vlies aus Wolle auslegen. Und Pflanzsäcke gibt es nicht nur aus recyceltem Kunststoff, sondern auch aus Jutefilz. Leider stammt die natürliche Faser überwiegend aus Südostasien und die Produktionsbedingungen sind nicht immer optimal. Das trübt die nachhaltige Bilanz.
Mein Tipp: aus ungefärbter Wolle Töpfe und Kübel filzen sowie Gefäße aus regionalem Hanf und Holz verwenden. Bio-Plastik ist wegen seiner Abbaubarkeit umstritten.

Zu gut zum Wegwerfen

Aus Bestehendem etwas Neues zu machen, liegt bei einem nachhaltigen Balkongarten nahe. Sicherlich gibt es auch in eurem Haushalt viele Gefäße, die sich mit wenig Aufwand upcyceln lassen. Tomaten, Salat und Fenchel wachsen in Drahtkörben, Weinkisten und Obststiegen, die mit ausrangierten Baumwolltüchern, Naturvlies oder Zeitung ausgeschlagen sind. Schmale Spankörbe für Pilze und Beeren sind ein toller Ersatz für Balkonkästen. In Reissäcken gedeihen Kartoffeln und Mangold. Kräuter wachsen in einem selbst gebauten Hochbeet aus Paletten (Seite 13), Weidenkörben und -kisten.
Alte Siebe könnt ihr als Erdbeerampeln von der Decke hängen lassen. In großen Dosen blühen Bienenweiden, ausrangierte Töpfe werden zum Mini-Teich und Sukkulenten zieren angeschlagene Tassen. Drainagelöcher nicht vergessen – oder vorsichtig gießen! Eurem Balkon könnt ihr so ein individuelles Flair verleihen: shabby chic, romantisch oder minimalistisch.

2

1

3

IN DIE HÖHE GÄRTNERN

Mit Eckregalen, Pflanztreppen und schmalen Mini-Hochbeeten lässt sich auf dem Balkon die Anbaufläche vergrößern. Wer Löcher in Wände bohren darf, kann selbst genähte Pflanztaschen, Kästen oder ein Brett befestigen, in dem Blumentöpfe eingelassen sind. Auf windgeschützten Balkonen können Blumenampeln, Körbe und bepflanzte Küchensiebe von der Decke hängen. Achtet darauf, dass alles sicher befestigt ist und die Wände trocken bleiben.

1. Pflanzentreppen bieten unterschiedliche Klimazonen auf kleinem Raum. Pflanzt Sonnenanbeter nach oben, windempfindliche Gewächse nach unten.

2. Willkommen an der Blumenbar! Bei diesem platzsparenden Barhocker-Upcycling profitiert der untere Topf vom überschüssigen Wasser.

3. Der genügsame Hauswurz gedeiht selbst in einer Suppenkelle.

PFLANZENKASTEN AUS WEIDE

Pflanzenkästen aus frisch geschnittenen Weiden lassen sich in unterschiedlichen Größen gestalten, rund oder eckig. Für einen Balkonkasten braucht man etwa 50 bis 60 Ruten.

1.

Als Grundlage dient ein unbehandeltes Holzbrett aus Lärche, in das mittig Löcher für den Abfluss und am Rand Löcher für die aufrecht stehenden Weidenruten gebohrt werden. Abstand: 5 cm. Die kräftigeren Weidenruten in die Löcher stecken. Die Staken müssen festsitzen, da sie Druck aushalten müssen.

2.

Jetzt wird geflochten: Das dicke Ende der Weide hinter eine Stake legen und sie an den folgenden abwechselnd vorne und hinten vorbeiführen. Hinter dem dünnen Ende eine neue Rute ansetzen – ohne zu verknoten.

3.

Damit die Wände möglichst dicht sind, die Weiden eng aufeinanderlegen und regelmäßig kräftig zusammenschieben.

4.

Ist der Korpus hoch genug, empfiehlt es sich, die Staken einzuflechten. Den fertigen Kasten mit Jute oder Zeitung auslegen, damit keine Erde herausrieselt, mit Drainage und Erde füllen und bepflanzen.

MEHRSTÖCKIGES PFLANZENREGAL AUS PALETTEN

Hochbeete sind für den Balkon oftmals zu groß und zu schwer. Diese schmale Variante findet nahezu überall Platz und vergrößert die Stell- und Anbaufläche.

MEIN TIPP

Wählt für die direkte Bepflanzung genügsame Gewächse aus, die mit wenig Wurzelraum auskommen. In meinem Pflanzenregal wachsen Traubenhyazinthen, Kokardenblumen, Prunkwinden und Lein. Möglich sind auch genügsame Wildpflanzen sowie mediterrane Kräuter und Sukkulenten wie Hauswurz.

1.

Für das Gerüst könnt ihr eine einfache, intakte Einwegpalette verwenden. Sie ist nicht ganz so stabil wie eine Europalette, aber wesentlich leichter und oftmals kostenlos zu bekommen. Entfernt grobe Splitter und schmirgelt die Unterseite der Palette ab, damit ihr euch nicht verletzt.

2.

Die Füße und Bodenbretter der Palette lassen sich ganz einfach zu Fächern umbauen: Die Palette hochkant nehmen und die Öffnungen an der Unterseite der Querträger verschließen, zum Beispiel mit Latten oder Leisten. Diese auf die passende Länge sägen und sie gut an den Holzklötzen festnageln oder -schrauben. Zwei Kanthölzer unter dem untersten Fach befestigt, sorgen für mehr Standfestigkeit.

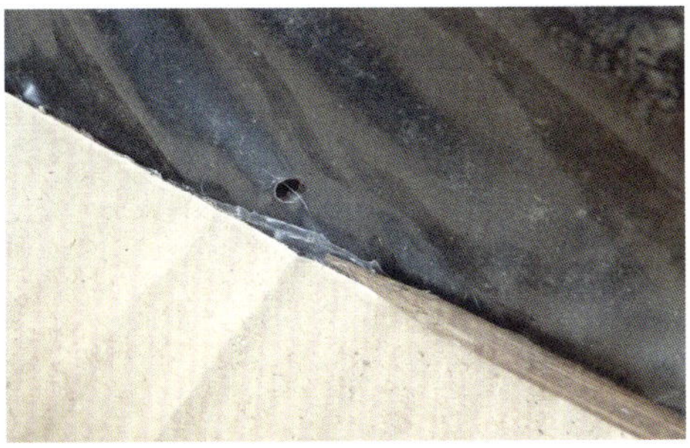

3.

Die Fächer könnt ihr mit Folie auslegen, damit das Holz durch die feuchte Erde nicht aufquillt. Ich habe einfach einen leeren Erdsack zerschnitten, die Fächer damit ausgekleidet und sie befestigt. Die Folie verhindert, dass Wasser abfließen kann. Wenn ihr die Fächer direkt bepflanzt, müsst ihr Abflusslöcher in die Folien bohren, damit sich keine Staunässe bildet. Jetzt noch die Palette lasieren oder nach Herzenslust bemalen.

4.

Das vertikale Hochbeet könnt ihr an eine windgeschützte Wand oder als grünen Sichtschutz ans Balkongeländer stellen. Damit das Regal nicht umfällt, unbedingt gut befestigen.

5.

Füllt die Fächer mit Blähton (als Drainage) und Erde. Ein Wollvlies zwischen den Schichten speichert zusätzlich Wasser.

6.

Das fertige Pflanzenregal könnt ihr nun mit Blumen und Zierpflanzen bepflanzen und mulchen. Auf den dicken Seitenteilen ist Platz für kleine Kräutertöpfe. Festbinden, damit sie nicht herunterfallen!

CHECKLISTE: AUSRÜSTUNG

- Gartenschere
- Kanne zum Gießen
- Ollas
- Küchenmesser
- Handschuhe
- Pflanzschaufel
- Rankhilfe

1

PRAKTISCHE GERÄTE FÜR DEN BALKONGARTEN

Gefäße, Erde, Pflanzen – mehr braucht es eigentlich nicht für einen Balkongarten. Ein paar Geräte können die Arbeit sicherlich erleichtern. Neu kaufen müsst ihr sie meist nicht.
Und falls doch: Achtet auf eine gute Qualität bei Material und Verarbeitung. Plastik ist billig, aber nicht sehr nachhaltig. Unbeschichtete, von Hand geschmiedete Gartengeräte aus Holz und Stahl dagegen sind robust und halten bei guter Pflege sehr lange. Gartenscheren ebenso, wenn sie sich auseinanderschrauben, schleifen und mit entsprechenden Ersatzteilen sogar reparieren lassen. Wichtig: Die Schere muss gut in der Hand liegen und leichtgängig sein.
Achtet, wenn möglich, auf die Recycling- und Kompostierbarkeit sowie die Herkunft des Materials. Holz beispielsweise sollte idealerweise aus zertifiziertem, regionalen Anbau stammen und mit natürlichen Wachsen oder Lasuren beschichtet sein. Das Fair-Rubber-Label kennzeichnet Gummi aus fair gehandeltem Kautschuk.

Bewässern

Eine Gießkanne ist in einem Balkongarten unerlässlich. Doch statt einer neuen aus Plastik taugt auch ein Messbecher, eine Karaffe, eine alte Kaffeekanne oder eine Flasche, die ihr zudem für die Bewässerung eurer Aussaaten nutzen könnt (Seite 20). Praktische Gießhelfer sind Ollas aus Tontöpfen (Seite 49). Ausrangierte Teller, Kuchenplatten und Schüsseln eignen sich als Untersetzer.

Schneiden

Eine gute Gartenschere ist ihr Geld wert, denn sie erleichtert die Arbeit im Balkongarten ungemein. Mit ihr könnt ihr problemlos Beerensträucher und Verblühtes schneiden, verholzende mediterrane Kräuter stutzen und Pflanzenreste zerkleinern.

3

2

1. Ordentlich upgecycelt: Im Kistenregal finden eure Gartenhelfer einen Platz.

2. Küchenutensilien könnt ihr als Gießkanne, Pflanzengefäß und Pikierstab nutzen.

3. Saubere Sache: Gartenhandschuhe aus Bio-Baumwolle und zertifiziertem Naturlatex.

Für die übrige Ernte und die Vermehrung von Pflanzen reicht ein scharfes Küchenmesser.

Pflanzung

Wer nicht mit bloßen Händen in der Erde wühlen mag, kann Handschuhe anziehen. Stoffhandschuhe sind jedoch nur für trockene Arbeiten geeignet. Strapazierfähiger sind Handschuhe aus Naturlatex. Eine kleine Gartenschaufel hilft beim Einpflanzen, muss aber nicht sein. Vor allem nicht die bunt lackierten: Sobald der Lack abblättert und sich in winzigen Teilchen in der Erde verteilt, offenbart sich meist minderwertiges Material. Wollt ihr die Erde nicht mit Händen mischen und einfüllen, könnt ihr eine Suppenkelle oder einen Messbecher verwenden. Zum Graben eignet sich ein Löffel.

Erde lockern

Nackte Erde verkrustet und lässt Gießwasser schnell verdunsten. Daher ist es sinnvoll, zu mulchen oder ab und zu die Erdoberfläche zu lockern. In Kisten und Kästen wirkt jedoch selbst ein Handgrubber überdimensioniert. Eine Kuchengabel tut's auch.

Hochbinden

Stangenbohnen, Tomaten, Wicken und Zuckerschoten benötigen eine Rankhilfe, die ihnen Halt bietet. Rankgitter und Tomatenstäbe aus Metall sind langlebig, aber nicht gerade günstig. Bambus kommt in der Regel von weit her.
Günstiger und nachhaltiger sind Zweige von heimischen Gehölzen, die ihr nach dem Winterschnitt in der Nachbarschaft und bei Einrichtungen bekommt, die öffentliches Grün pflegen.
Aus Weidenruten lässt sich eine einfache Rankhilfe flechten (Seite 85). Verwendet zum Hochbinden von Trieben unbehandelte, kompostierbare Schnüre aus reinen Naturfasern wie Hanf.
Mein Tipp: Schneidet löchrige Socken und alte T-Shirts in Streifen und bindet Pflanzen damit fest.

Anzuchttöpfe aus Pflanzenfasern verrotten in der Erde. Tongefäße könnt ihr immer wieder verwenden.

UTENSILIEN FÜR DIE ANZUCHT

- torffreie Anzuchterde
- Anzuchtgefäße
- Pflanzensamen
- Pflanzenschild
- Flaschenbrause
- Abdeckung

STARTER-SET FÜR DIE ANZUCHT

Pflanzen aus Saatgut zu ziehen macht Spaß, spart Geld und Verpackungsmüll. Außerdem ist die Auswahl größer als bei fertigen Jungpflanzen – und wir wissen genau, wie sie aufgewachsen sind. Gerade bei kälteempfindlichen Gewächsen wie Tomate, Andenbeere, Aubergine, Paprika und Chili ist es ratsam, sie auf einer hellen Fensterbank vorzuziehen, damit die Früchte rechtzeitig ausreifen. Eine Anleitung findet ihr auf Seite 40.

Anzuchterde

Für die Anzucht nehme ich Aussaaterde. Sie ist keimfrei und enthält wenig Nährstoffe, sodass die Pflanzen bei der Nahrungssuche kräftig Wurzeln entwickeln. Verwendet torffreie Anzuchterde oder macht sie selbst: Jeweils ein Drittel fein gesiebte Erde, ausgereifter Kompost und Sand mischen und 45 Minuten lang im Backofen bei 120 °C sterilisieren. Quelltabletten und Erde aus Kokos sind Alternativen, aus nachhaltiger Sicht aber umstritten.

Gefäße

Neben vorhandenen Töpfen können wir vieles aus dem Haushalt für die Aussaat nutzen (Seite 19). Falls ihr plastikfreie Anzuchtgefäße kauft, schaut nach, aus welcher Pflanzenfaser sie gemacht sind: Holz, Kokos, Mais oder Torf?
Mein Tipp: Stellt diese Anzuchtgefäße nicht zu eng zusammen, damit sie nicht schimmeln. Wiederverwendbar sind Anzuchtplatten aus fair gehandeltem Naturkautschuk.

Weitere Hilfsmittel

Um für Gewächshaus-Atmosphäre zu sorgen, könnt ihr Anzuchtschalen mit Glasschüsseln oder durchsichtigen Topfdeckeln abdecken. Umgedrehte Einmach- oder Wassergläser passen auf Tontöpfe. Pflanzenschilder könnt ihr selber machen (Seite 21). Um die Erde anzufeuchten, müsst ihr nicht extra eine Sprühflasche kaufen. Eine Flaschenbrause könnt ihr selber bauen (Seite 20). Zum Pikieren eignen sich Essstäbchen und Schaschlikspieße.

GEFÄSSE FÜR DIE ANZUCHT

AUS KUNSTSTOFF

Leere Obst- und Gemüseschalen aus Kunststoff, ausgewaschene Plastikbecher für Joghurt, Quark und andere Milchprodukte können wir mehrfach für die Anzucht verwenden, bevor sie schließlich im Gelben Sack landen. Ein durchsichtiger Deckel macht das Mini-Gewächshaus komplett. Halbierte Getränkekartons eignen sich für pikierte Gemüsepflanzen und zur Anzucht von Gurke, Zucchini und Kürbis. Bei Dosen sind beim Auspflanzen Vorsicht und Geschick gefragt, damit Pflanzen und Finger unverletzt bleiben. Wichtig: Die Gefäße brauchen ein Loch im Boden, damit Wasser abfließt.

AUS PAPIER UND PAPPE

In Eierkartons lassen sich Kartoffeln prima vorkeimen. Fürs Vorziehen eignen sie sich nur bedingt, da sie nur wenig Erde fassen und den Wurzeln wenig Raum bieten. Die Schimmelgefahr ist recht hoch, da Pappe bei Feuchtigkeit schnell durchweicht und die Kammern sehr dicht beieinanderstehen. Ebenso schlechte Erfahrungen habe ich leider auch mit selbst gebastelten Anzuchttöpfen aus Klopapierrollen und Zeitungspapier machen müssen. Etwas besser klappt es mit Beerenkörbchen aus Pappe. **Mein Tipp:** Sehr vorsichtig wässern, gut belüften und auf Abstand halten. Später lassen sich die Pflanzen samt Topf auspflanzen. Pappe und Papier zersetzen sich in der Erde.

AUS TON

Kleine Tontöpfe eignen sich gut für die Anzucht von Zucchini, Melone und Kürbis: Ein umgedrehtes Schraub- oder Weckglas sorgt für nostalgische Gewächshaus-Atmosphäre. In Schalen könnt ihr Kräuter aussäen und Salat vorziehen.

AUS ERDE

Ganz ohne Müll kommen Erdpresstöpfe aus. Unter Druck wird die feuchte Anzuchterde zu Würfeln gepresst, pro Samen ein Topf. Erdtopfpressen gibt es in verschiedenen Größen, aus Holz und Metall. Wer handwerklich geschickt ist, kann sie auch selber bauen. Anleitungen dazu gibt es im Internet.

FLASCHENBRAUSE

Aussaaten und Sämlinge feucht zu halten, ist herausfordernd. Aus einer leeren Flasche mit Deckel könnt ihr eine schonende Bewässerungshilfe basteln.

1.

Für die Flaschenbrause haben sich PET-Flaschen bewährt. Zunächst die Flasche und den dazugehörigen Deckel sorgfältig reinigen und ausspülen.

Mein Tipp: Die gefüllte, verschlossene Flaschenbrause im Sommer als Wasserspeicher umgedreht in die Erde stecken.

2.

In den Deckel kleine Löcher bohren. Bei Plastikdeckeln reicht dafür ein Korkenzieher. Bei Metalldeckeln und Kronkorken ist ein Dosenöffner empfehlenswert. Den Deckel auf eine feste Unterlage legen und vorsichtig vier bis sechs Löcher hineinbohren – im Quadrat, in Kreisform oder wild verteilt.

3.

Die Flaschenbrause bis zur Hälfte mit Wasser füllen und mit dem Deckel verschließen. Zum Gießen umdrehen, sodass das Wasser aus den Löchern tropft. Durch das Zusammendrücken der Flaschenbrause lässt sich der Wasserfluss und damit die Intensität der Bewässerung steuern. Zwischendrin immer wieder umdrehen, damit Luft ins Innere kommt. Hat sich ein Vakuum gebildet, die Flasche auf- und wieder zuschrauben.

SELBST GEMACHTE PFLANZENSCHILDER

TON

Aus Ton lassen sich Pflanzenschilder individuell formen. Steckt die gebrannten Schilder in den Topf oder hängt sie an Metallstäbe, wenn sie ein Loch dafür haben. Tongefäße lassen sich direkt beschriften. Auch hübsch: Kleine Tontöpfe kopfüber in die Pflanzenkiste stellen oder auf Zweige und Stäbe stecken.

Beschriftet Pflanzenschilder am besten mit Bleistift. Wasserfeste Farbe verhindert, dass die Namen durch Regen und Gießwasser abgewaschen werden. Mit Tafelfarbe und Kreidestift lassen sie sich immer wieder neu beschriften.

STEINE

Pflanzenschilder aus Stein halten lange und fallen nicht so schnell um. Besonders gut lassen sich Kiesel mit einer flachen, glatten Oberfläche beschriften. Schick sind kleine Tafeln aus Schiefer.

HOLZ

Steckettiketten aus Holz könnt ihr aus Eisstielen gestalten oder aus einem Zweig schnitzen: Für die Beschriftung einfach an einer Seite die Rinde mit einem beherzten Schnitt entfernen und das andere Ende anspitzen, damit sich das Etikett leichter in die Erde stecken lässt. Haselnuss eignet sich hierfür besonders gut. Auch dünn geschnittene und geglättete Astscheiben könnt ihr für Pflanzenschilder nutzen.

UPCYCLING

Suppenlöffel, Wäscheklammern, Kochlöffel und Pfannenwender aus Holz: Im Haushalt findet sich sicherlich allerlei, das sich mit wenig Aufwand in Pflanzenstecker verwandeln lässt. Auch Zerbrochenes muss nicht sofort in den Müll. Tonscherben eignen sich nicht nur als Drainage, ihr könnt sie auch als Pflanzenschild in den Blumenkasten legen. Bruchstücke von Tassen, Schüsseln und Tellern lassen sich ebenso weiterverwenden – scharfe Kanten vorher glätten! Pflanzenschilder aus Wein- und Kronkorken auf Holzspieße und Gabeln stecken.

EINE GESUNDE ERDE IST DIE BASIS FÜR EINEN NACHHALTIGEN BALKON

Gute Pflanzenerde versorgt Obst, Gemüse, Kräuter und Blumen optimal, sodass sie kräftig wachsen, üppig blühen und eine reiche Ente bringen – und das im Idealfall sogar über eine Saison hinaus.

Die richtige Pflanzenerde

Erde ist der Nährboden für gesundes Pflanzenwachstum. Clever ist, Spezialerden selbst zu mischen und alte Erde zu recyclen – das spart natürliche Ressourcen.

Als ich mit dem Balkongärtnern anfing, dachte ich ganz naiv, meine Kisten und Kübel einfach mit Gartenerde füllen zu können. Doch damit hätte nicht nur an anderer Stelle fruchtbarer Boden gefehlt. Auch meine Pflanzen wären ziemlich schnell eingegangen. Für einen Balkongarten braucht es nämlich eine ausgewogene Mischung aus organischen und mineralischen Stoffen wie Holz, Kompost, Ton, Sand und Kalk. Nur so kann eine Erde Kübelpflanzen das bieten, was sie für üppiges Wachstum und eine reiche Ernte benötigen: Standfestigkeit, Wasser, Sauerstoff sowie verschiedene Nährstoffe.

STARK- UND SCHWACHZEHRER

Was und wieviel Pflanzen an Nährstoffen konkret brauchen, ist unterschiedlich. Fruchttragende Gemüse wie Tomate und Zucchini sind recht durstig und vor allem hungrig. Man bezeichnet sie daher auch als Starkzehrer. Salate, Hülsenfrüchte und Kräuter sind hingegen Schwachzehrer, also eher genügsam. Der Handel bietet eine ganze Palette an unterschiedlichen Erden, um auf diese Bedürfnisse einzugehen: für Tomaten, Blumen oder Kräuter, für Hochbeete, Kübel oder die Anzucht. Aus meiner Sicht sind sie nicht unbedingt notwendig. Ich verwende lediglich magere, keimfreie Anzuchterde fürs Vorziehen sowie herkömmliche Pflanzenerde, die ich an die Bedürfnisse der Pflanzen anpasse. Für Starkzehrer mische ich organischen Langzeitdünger bei, für Schwachzehrer strecke ich sie mit Sand und Blähton. Oder ich setze diese genügsamen Gesellen gleich in gebrauchte Erde. Eine aufbereitete Pflanzenerde spart Geld und das Schleppen von schweren Erdsäcken. Und sie schont Klima und Natur: Selbst Bio-Erde kann Torf und Kokosfasern enthalten, für die laut Naturschutzorganisationen natürliche Kohlendioxid-Speicher und Lebensräume von seltenen Pflanzen und Tieren unwiederbringlich zerstört werden.

NÄHRSTOFFARM

Magere Anzuchterde regt Sämlinge an, möglichst viele Wurzeln zu bilden.

Tomaten und Kartoffeln könnt ihr direkt in einen Erdsack pflanzen. Sieht nicht schön aus? Ein Jute- oder Kaffeesack als Hülle kaschiert das Plastik.

EINKAUFSHILFE PFLANZENERDE

- RAL-zertifiziert
- torf- und möglichst kokosfrei
- mit organischem Dünger versetzt (bio)
- Verpackung aus recyceltem Kunststoff (Blauer Engel)
- trocken und schattig gelagert
- erdiger, aber kein modriger Geruch

PFLANZENERDE KAUFEN

Manchmal hat es Vorteile, in Gefäßen auf dem Balkon zu gärtnern. Anders als im Garten, müssen wir uns keine Gedanken darüber machen, wie der Boden in den Beeten beschaffen ist. Wir können die Erde problemlos austauschen, so oft wir möchten, und einfach neue kaufen.

Besonders günstig ist das natürlich nicht. Und auch nicht besonders nachhaltig – es sei denn, wir holen die Erde unverpackt mit dem Rad von lokalen Gärtnereien, die diese aus eigenem Kompost herstellen.

Die Bestandteile für konventionelle Pflanzenerde kommen oftmals von weit her, für ihre Gewinnung werden unter Umständen Naturräume zerstört. Bei der Ökobilanz würden also nicht nur unsere Fahrt zum Gartencenter und der Verpackungsmüll ins Gewicht fallen, sondern auch Herstellung und Transport sowie ihre ökologischen Folgen.

100 Prozent torffrei!

Torf ist ein klassischer Bestandteil in Pflanzenerden, weil er gut Wasser und Nährstoffe speichert. Umweltverbänden zufolge stammt er aus entwässerten Mooren, die spezialisierten Pflanzen und Tieren einen immer seltener werdenden Lebensraum bieten. Zudem speichern Torfmoore Unmengen an Kohlendioxid – viel mehr als Wälder und Landwirtschaftsflächen. Durch den Abbau gelangt es in die Atmosphäre und treibt so die Klimaerwärmung voran.

Nachhaltig ist es also, 100 Prozent torffreie Erde zu kaufen. Sie ist auf der Verpackung entsprechend mit „torffrei“ oder „ohne Torf“ gekennzeichnet. „Torfreduzierte“ Erde kann noch einen erheblichen Anteil Torf enthalten.

Möglichst keine Kokosfaser

Für eine gute Pflanzenerde ist Torf nicht notwendig. Holzfasern und Rindenhumus weisen ähnliche Eigenschaften auf. Kokosfasern galten bislang ebenfalls als nachhaltige und günstige Alternative, da sie ein Abfallprodukt sind. Sie gibt es auch als Anzuchterde und in Blöcken zu kaufen, die in Wasser aufquellen.
In Punkto Nachhaltigkeit sind Kokosfasern jedoch inzwischen umstritten. Sie stammen in der Regel von Plantagen, für die Regenwald abgeholzt wird und auf denen Menschen zu Hungerlöhnen arbeiten müssen. Der BUND hat daher aus seinem aktuellen Einkaufsführer für torffreie Erde (siehe Seite 122) alle Substrate gestrichen, die komplett oder zum größten Teil aus Kokos bestehen.

Vorsicht bei Bio-Erde!

Bio – das klingt auf den ersten Blick gut und nachhaltig. Doch das kann täuschen. Auch Bio-Erde kann Torf oder Kokos enthalten. Und anders als bei Lebensmitteln sagt „bio“ nur aus, dass dem Substrat organischer (pflanzlicher oder tierischer) Dünger beigemischt wurde. Dieser muss nicht zwingend öko sein, sondern darf aus konventioneller Landwirtschaft stammen.
Wollt ihr eure Pflanzen nicht in Erde pflanzen, die Hornspäne, Blutmehl, Haar und andere tierische Bestandteile enthält, achtet auf den Hinweis „vegan“. Und auch sonst ist es ratsam, vor dem Kauf einen Blick in die Inhaltsliste zu werfen.

Humusziegel aus Kokosfasern gelten als praktischer Torfersatz. Doch Anbau und Transportweg trüben die Ökobilanz. Achtet beim Kauf zumindest auf Ware mit dem Fair-Trade-Zeichen.

ERDE LANGE NUTZEN

Pflanzenerde ist kostbar und teuer. Daher ist es sinnvoll, sie so lange wie möglich zu nutzen. In meinem Balkongarten verwende ich frische Erde zunächst für Tomaten, Kartoffeln und andere Pflanzen, die viele Nährstoffe brauchen. Im Jahr darauf setze ich genügsame Salate oder säe Hülsenfrüchte aus: Als Leguminosen reichern sie die Erde wieder mit Stickstoff an (mehr dazu auf Seite 57 f.).

Alte Pflanzenerde aufbereiten

Gesunde, gebrauchte Pflanzenerde könnt ihr auch aufarbeiten. Das spart einiges an Geld und Schlepperei. Bereitet das Substrat direkt im Gefäß oder in einem Eimer auf. Und so geht's:

1. Die Pflanzen aus dem Gefäß nehmen. Große Wurzeln entfernen und Erdklumpen zerkleinern. Feine Wurzeln müssen nicht aussortiert werden.
2. Je nachdem, wie verbraucht die alte Erde ist, mische ich Feinkompost im Verhältnis 1:1 oder 1:2 sowie organischen Langzeitdünger aus Klee oder Schafwolle dazu. Ihr könnt auch Wurmkompost oder Bokashi verwenden (Seite 53 f.). Wegen der Milchsäurebakterien kann die Erde dann aber nicht sofort bepflanzt werden, sondern sollte mindestens zwei Wochen lang ruhen.
3. Enthält die Erde kaum noch feste Bestandteile, ist es sinnvoll, frische Pflanzenerde dazuzugeben. Das Substrat soll ja den Pflanzen nicht nur Nährstoffe, sondern auch Halt bieten und Wasser speichern. Sand und Tongranulat wiederum machen Pflanzenerde locker und mager. Urgesteinsmehl liefert Mineralstoffe.
4. Ist die Erde schön krümelig, könnt ihr sie in Kisten und Kübel füllen und bepflanzen.

Alte Erde aufarbeiten ist Handarbeit. Nur so könnt ihr feststellen, ob sie zu staubig oder zu fest ist. Beides ist nicht optimal, schließlich sollen die Pflanzen in der Erde Halt finden und sie gut durchwurzeln können.

WICHTIGE BESTANDTEILE VON PFLANZENERDE

KOMPOST

Kompost besteht aus organischem Material, das von Mikroorganismen abgebaut und in Nährstoffe umgewandelt wird. Er kann Pflanzenreste und Grünschnitt, Mist, Bio-Müll und Gärreste aus Biogasanlagen enthalten. Pur eignet er sich nicht für eine Bepflanzung: Er ist so reich an Nährstoffen, dass er den Pflanzen schadet.

HOLZFASERN UND RINDE

Holz enthält kaum Nährstoffe, kann aber Wasser speichern und zersetzt sich langsam. Für Substrate werden überwiegend Nadelbäume verwendet. Reine Holzfasern irritieren durch ihre helle Farbe – daher wird die Erde dunkel gefärbt. Da Rinde wachstumshemmende Stoffe enthält, wird sie zunächst fermentiert, also zu Rindenhumus verarbeitet. Nicht mit dem groben Rindenmulch verwechseln!

TON

Ton besteht aus verschiedenen Mineralien und ist neben Sand und Schluff der klassische Stoff, aus dem Gartenboden gemacht ist. Mit einer Körnung bis maximal 0,002 mm ist Ton dabei das feinste Material und kaum größer als Staub. Er bindet Wasser und Nährstoffe äußerst gut. Aus Ton werden auch feine Tongranulate und Blähton hergestellt. Dabei verliert er jedoch die wasserspeichernde Wirkung und eignet sich eher als Drainage.

XYLIT

Xylit, auch Schieferkohle genannt, ist ein Nebenprodukt beim Braunkohletagebau und hat ähnliche Eigenschaften wie Torf. Es besteht überwiegend aus Holzfasern, die noch nicht ganz zu Kohle umgewandelt sind. Sie sorgen für eine gute Durchlüftung.

KOHLESAURER KALK

Mit dem fein gemahlenen Kalkgestein könnt ihr den pH-Wert von saurer Erde anheben. In Maßen anwenden!

URGESTEINSMEHL

Für Gesteinsmehl werden meist vulkanische Gesteine zu einem feinen Mehl gemahlen. Es liefert Mineralstoffe sowie Spurenelemente und dient somit zur Verbesserung der Bodenqualität.

SAND

Sand besteht wie Ton aus fein geschliffenen Gesteinen, hat aber mit einem Durchmesser bis zu 2 mm eine wesentlich gröbere Körnung. Grober Sand speichert kaum Wasser und macht Erde durchlässig.

PFLANZEN WAHL

CHILI

Pflanzen und Saatgut

Kräuter, Obst und Gemüse versorgen uns mit Nahrung, blühende Zierpflanzen locken Insekten: Pflanzen sind ein erster Schritt in Richtung grüner Balkon. Nachhaltig wird er mit der richtigen Pflanzenwahl.

CHECKLISTE: GESUNDE PFLANZEN ERKENNEN

- kompakter Wuchs mit kräftigen, frischen Trieben
- unbeschädigte und unverfärbte Blätter
- keine sichtbaren Schädlinge
- leicht feuchte Erde
- kräftige Wurzeln, die nicht modrig riechen

Neue Mitbewohner für den Balkongarten zu finden, gehört zu meinen liebsten Beschäftigungen. Gerade im Frühjahr freue ich mich darauf, nach Jungpflanzen und Saatgut zu stöbern – bei Freund*innen, in Gärtnereien, auf Tauschbörsen und Pflanzenmärkten.

REGIONALE PRODUKTION

Jungpflanzen hole ich am liebsten dort, wo ich nachfragen oder mir sogar ansehen kann, wie die Pflanzen aufwachsen. Denn nicht immer kommt das, was wir im lokalen Handel kaufen, auch aus der Region. Gerade Zierpflanzen wachsen in fernen Ländern auf, wenn die Produktion dort günstig ist. Aus nachhaltiger Sicht sind dabei die weiten Wege, die Produktions- und Arbeitsbedingungen problematisch. Gärtnerisch gesehen, sind Glashausgewächse nicht unbedingt optimal an das Gartenleben im Freien angepasst. Zum Glück gibt es aber noch Gärtnereien, die Pflanzen selber vermehren. Im Idealfall bauen sie im Freiland und nach ökologischen Grundsätzen an: ohne Herbizide, synthetische Pestizide und Dünger.

Manche verkaufen ihr Sortiment zudem lose oder in kompostierbaren Pflanzentöpfen. Andere nehmen die Gefäße wieder zurück, um sie erneut zu verwenden. Nachfragen lohnt sich – so macht ihr auch deutlich, wie wichtig es euch ist, Plastikmüll zu vermeiden.

Selbst angebautes Bio-Gemüse schmeckt natürlich am besten und tut der Umwelt gut.

BIO-QUALITÄT

Bio-zertifizierte Pflanzen und Samen sind aus meiner Sicht grundsätzlich eine gute Wahl – und je strenger die Kriterien, desto besser. Bei Gemüse und Kräutern ist das Angebot schon recht groß, bei Blumen und Ziersträuchern leider nicht. Das ist nicht nur für die Umwelt im Allgemeinen, sondern gerade für die Insekten bitter: Um Massenware, die maschinell und unter Einsatz von synthetischen Düngern und Spritzmitteln produziert wird, machen die Tierchen einen großen Bogen – selbst wenn diese als bienenfreundlich gekennzeichnet ist.
Verlässliche Siegel sind Demeter, Naturland und Bioland. Was in diesem Zusammenhang nicht unerwähnt bleiben sollte: Selbst im Bio-Anbau ist Torf erlaubt. Gemäß der aktuellen Richtlinie darf die Erde für Jungpflanzen bei Demeter und Bioland bis zu 70 Prozent Torf enthalten, bei Naturland bis zu 80 Prozent. Das Substrat für Stauden und Zierpflanzen beziehungsweise Topfpflanzen kann immerhin noch bis zu 50 Prozent Torf enthalten. Bei EU-Bio darf Torf ohne Beschränkung für Gartenbauzwecke eingesetzt werden.

Unbehandeltes Saatgut

Damit Pflanzensamen verlässlich keimen oder Krankheiten und Schädlinge sie während der Lagerung nicht befallen, werden sie gebeizt, also mit Pflanzenschutzmitteln behandelt. Chemisch-synthetische Mittel sind dafür bei Bio-Saatgut nicht erlaubt.

SAMENFEST STATT HYBRIDE

F1-Hybride entstehen durch Züchtung (auch im Bio-Bereich) oder einen bewussten, gentechnischen Eingriff in das Erbmaterial. Pflanzen und Saatgut müssen jedes Jahr neu gekauft werden – und das ist nicht nachhaltig. Gerade, wenn ihr selbst Saatgut gewinnen möchtet (Seite 36), ist sogenanntes samenfestes Saatgut die beste Wahl.

SELBER ZIEHEN

Viele Kräuter, Gemüse und Blumen können wir selber ziehen. Die Auswahl an Sorten ist bei Saatgut viel größer als bei Jungpflanzen.

Auf Tauschbörsen bekommt ihr Hobbysorten und Saatgut in kleinen Mengen.

KEIMPROBE MACHEN

Saatgut ist meist mehrere Jahre lang haltbar. So findet ihr heraus, ob die Samen noch gut keimen: einfach zehn Samen in eine flache Schale mit feuchtem Küchenkrepp legen und mit einem durchsichtigen Deckel abdecken. Feucht halten. Je mehr und je schneller das Saatgut aufgeht, umso vitaler ist es. Keimt weniger als die Hälfte, ist es Zeit für neues. Die alten Samen könnt ihr an Vögel verfüttern.

PFLANZEN UND SAATGUT TAUSCHEN

Jedes Jahr ziehe ich auf der Fensterbank Dutzende Tomaten vor. Nicht alle davon passen natürlich auf den Balkon: Ich verschenke sie oder bekomme im Gegenzug kleine Andenbeeren, Gurken und Zucchini.
Habt ihr (noch) keine gartenverrückten Bekannten, mit denen ihr tauschen könnt, lohnt sich ein Besuch auf einer Tauschbörse oder einem Flohmarkt für Saatgut und Jungpflanzen. Dort bekommt ihr nicht nur kostengünstig und ressourcenschonend tolles Grünzeug für die neue Saison, sondern auch gratis Pflegetipps.

Lokale Tausch- und Flohmärkte

Lokale Tauschbörsen und Pflanzenmärkte finden meist im Frühjahr statt und werden in den Sozialen Netzwerken, im Internet oder der Tagespresse angekündigt. Je nach Form und Organisation laufen die Events unterschiedlich ab. Es lohnt, sich rechtzeitig vorab zu informieren.
Bei Tauschbörsen tauscht ihr nicht unbedingt direkt mit anderen. Vielmehr stellt ihr eure Pflanzensamen, selbst gezogenen und vermehrten Gewächse allen zur Verfügung und dürft euch etwas aus dem Angebot aussuchen. Bei Flohmärkten werden Saatgut, Pflanzen und manchmal auch Zubehör von privat an privat für kleines Geld verkauft und ihr könnt einen eigenen Stand anmelden.

Online-Tauschbörsen

Im Internet und in den Sozialen Netzwerken kann das ganze Jahr über getauscht werden. Die Hochzeit ist jedoch ebenfalls zu Beginn der Saison.
Bei manchen Aktionen wird das Saatgut nach dem Zufallsprinzip umverteilt, bei anderen dürft ihr Wünsche angeben. Oftmals ist die Anzahl der Plätze begrenzt, also rechtzeitig anmelden.
Ebenfalls eine super Idee: ein Saatgut-Wanderpaket, das über mehrere Wochen und Monate hinweg per Post zwischen den Beteiligten rotiert. Alle dürfen sich bedienen und geben das ab, was sie nicht brauchen. Ähnlich funktionieren auch Saatgutboxen der Initiative „Freies Saatgut für alle" – nur sind diese fest an einem Ort installiert.

PFLANZENVAGABUNDEN

Die Anlage eines Balkongartens muss nicht teuer und aufwändig sein. Viele Kräuter, Blumen und Gemüse verbreiten sich von selbst – durch Samen, Absenker oder Wurzelausläufer. Wind und Tiere helfen Pflanzenvagabunden auf ihre Weise.

1

2

3

4

Im Frühjahr könnt ihr schauen, was sich dann wo aus der Erde schiebt und angesiedelt hat. Die Lücken werden im Lauf der Zeit mit weiteren Pflanzen ergänzt. Komplett ohne Pflege kommt der Balkongarten natürlich nicht aus. Minze, Tagetes, Gräser, Vogelmiere und andere ausbreitungsfreudige Pflanzen übernehmen sonst schnell jedes Gefäß.

1. BLUMEN
Bienenfreund, Islandmohn, Katzenminze (Bild), Duftwicke, Hornveilchen, Jungfer im Grünen, Kapuzinerkresse, Kalifornischer Mohn, Löwenmäulchen, Muskateller-Salbei, Prunkwinde, Ringelblume, Sonnenblume, Tagetes, Wucherblume

2. WILDPFLANZEN
Franzosenkraut, Klatschmohn, Knoblauchsrauke (Bild), Kornblume, Lein, Löwenzahn, Malve, Natternkopf, Vogelmiere

3. KRÄUTER
Borretsch, Dost, Dill, Minze (Bild), Oregano, Petersilie, Schnittlauch, Waldmeister, Zitronenmelisse

4. GEMÜSE UND OBST
Erdbeere, Gartenmelde, Kohlrabi, Möhre, Radieschen, Rauke, Salat (Bild), Winterpostelein

WIE LANGE LEBEN PFLANZEN?

STAUDEN

So bezeichnet man mehrjährige Blumen wie zum Beispiel Herbst-Astern oder Storchschnabel (Bild), deren oberirdische Pflanzenteile im Herbst absterben und im nächsten Frühjahr aus der überdauernden Wurzel im Boden wieder neu austreiben.

ZWEIJÄHRIGE PFLANZEN

Kohl, Mangold und Möhren rechnet man zu den zweijährigen Pflanzen. Überstehen sie den Winter, blühen sie – wie dieser Kohlrabi (Bild) – im folgenden Jahr und bilden Samen. Viele Zweijährige sind übrigens tolle Bienenweiden.

EINJÄHRIGE PFLANZEN

Einjährige Pflanzen bilden in einem Jahr Wurzeln, Blätter, Blüten, Samen und sterben danach ab. Zu ihnen gehören neben vielen Sommerblumen auch Kräuter und Gemüse wie Basilikum, Dill, Bohnen und Erbsen, Gartenmelde, Kürbis, Salat und Spinat.

Wie lange eine Pflanze lebt, hat die Natur unterschiedlich eingerichtet. Kurzinfos dazu findet ihr auf Samentütchen und den Pflanzenschildern.

ENERGIE FÜR DIE KOMMENDE SAISON SAMMELN

Frühlingsblüher wie Krokus und Traubenhyazinthe sammeln nach der Blüte Kraft für das kommende Jahr und speichern sie in ihren Zwiebeln. Lasst daher die Blätter möglichst lange stehen – mindestens bis zum 1. Mai oder bis sie vergilbt sind. Sonst kann es sein, dass sich die Blumen nicht mehr blicken lassen. Übrigens: Viele Frühlingsblüher können sich auch über Samen vermehren!

MEHRJÄHRIGE PFLANZEN

Sie machen wenig Arbeit, da sie nicht jedes Jahr neu gesät oder gepflanzt werden müssen. Damit Mehrjährige gesund bleiben, ist es sinnvoll, sie etwa alle drei Jahre umzutopfen beziehungsweise zu teilen und in frische Erde zu setzen. Mehrjährige sind beispielsweise Johannisbeere, Schnittknoblauch und Etagenzwiebel. Gerade auf dem Balkon ist es wichtig, Mehrjährige rechtzeitig gegen Kälte und Frost zu schützen oder sie nach drinnen zu bringen (Seite 68).

WO WACHSEN PFLANZEN AUF DEM BALKON AM BESTEN?

Schatten, Halbschatten, Sonne – diese Bezeichnungen bieten uns eine erste Orientierung, an welchem Standort sich Pflanzen wohlfühlen. Sie sind jedoch nicht die einzigen Faktoren für einen idealen Platz.
Auf jedem Balkon gibt es unterschiedliche Klimazonen: Bäume und umliegende Häuser können zu bestimmten Tageszeiten Schatten werfen. Ein Dach schützt vor Regen, ein Vorsprung vor kaltem Wind. Macht euch diese Eigenheiten zunutze und positioniert die Pflanzen an der Stelle, die optimal zu ihnen passt. Experimentiert und beobachtet, was wo am besten gedeiht – und zu welcher Jahreszeit.

1

2

3

1. SONNIG – MINDESTENS 6 STUNDEN DIREKTE SONNE
Fruchtbildende Gemüse wie Tomate, Chili, Paprika, Zucchini.
Mediterrane Kräuter wie Lavendel (Bild), Oregano, Salbei und Thymian.
Sommerblumen und Wildpflanzen wie Duftgeranie, Kornblume, Natternkopf, Schmuckkörbchen, Sonnenblume.

2. HALBSCHATTIG – 4 BIS 6 STUNDEN SONNE AM MORGEN ODER NACHMITTAG
Blattreiche Gemüse und Kräuter wie Asia-Salate, Kohlrabi, Mangold, Möhre, Radieschen, Rote Bete (Bild), Salat sowie Minze, Petersilie, Schnittlauch und Frühlingszwiebel.
Beerensträucher wie Brombeere, Heidelbeere, Johannisbeere.
Sommerblumen und Wildpflanzen wie Blauer Lein, Tagetes, Prachtwinde.

3. SCHATTEN – WENIGER ALS 4 STUNDEN SONNE
Möglich sind Kräuter wie Bärlauch, Kapuzinerkresse (Bild), Sauerampfer, Waldmeister.
Blumen und Zierpflanzen mit schönen Blättern wie Akelei, Elfenblume, Efeu, Farne, Fleißiges Lieschen, Frauenmantel, Fuchsie, Hosta.
Pilze.

Pflanzen vermehren

Samen und eine fertige Jungpflanze können wir im Handel oft schon für wenig Geld kaufen. Dennoch mache ich mir jedes Jahr die Mühe, Saatgut von Blumen und Bohnen zu ernten, Kräuter zu teilen und Stecklinge zu nehmen.

PFLANZENVERMEHRUNG

SAATGUT

— Einjährige Sommerblumen und Gemüse wie Bohne, Erbse, Salat, Radieschen, Rauke, Paprika, Tomate und Zucchini. Ein- und mehrjährige Kräuter wie Basilikum, Dill, Oregano, Schnittlauch. Gemüse wie Kohlrabi, Mangold, Möhre, Rote Bete und Zwiebel bilden erst im zweiten Jahr Samen.

TEILUNG

— Blühende Zierstauden wie Herbst-Aster, Purpur-Fetthenne. Mehrjährige, nicht verholzende Kräuter wie Minze, Schnittlauch, Waldmeister und Zitronenmelisse.

AUSLÄUFER

— Beerensträucher wie Brombeere und Himbeere, auch Erdbeere und Minze.

STECKLINGE / ABSENKER

— Blumen und Kräuter wie Duftgeranie, Basilikum, Lavendel, Minze, Rosmarin, Salbei und Thymian.

Pflanzen vermehren ist eine jahrhundertealte Kulturtechnik. Sie gehört für mich zum Gärtnern wie Aussaat und Pflege. Sicherlich: Es ist ein Aufwand. Im Gegenzug lernen wir jedoch einiges über die grünen Balkonbewohner, können neue Varianten züchten und erhalten kostenlos junges Grün.

VIELFALT UND UNABHÄNGIGKEIT

Botanisch gesehen hat gerade Saatgutvermehrung eine enorme Bedeutung. Mit jedem selbst geernteten Samenkorn tragen wir dazu bei, Pflanzenvielfalt zu erhalten oder sogar zu vergrößern. Das ist wichtig: Wenige Sorten haben einen verengten Genpool. Werden alle Pflanzen daraus für eine Krankheit anfällig, können sie aussterben und sind für immer verloren.

Durch Saatgutvermehrung erhalten wir uns zudem ein Stückweit die Souveränität darüber, was wir anbauen und essen. Gärtner*innen, aber vor allem Landwirt*innen, die eigenes Saatgut ernten, sind nicht abhängig von wenigen, großen Unternehmen (siehe Seite 74).

Sorten und Kreuzungen

Bei Selbstbefruchtern wie Tomate und Bohne ist die Saatgutgewinnung recht einfach (Seite 40 f). Bei Fremdbestäubung können sich unterschiedliche Arten oder Sorten kreuzen.

1

2

1. Samen ernten ist eine einfache Möglichkeit, um Pflanzen zu vermehren.

2. Unterirdisches Netzwerk: Minzen pflanzen sich schnell über Ausläufer fort.

Grundsätzlich ist das nicht schlimm. Bei Kürbisgewächsen wie Zucchini, Gurke, Kürbis und Melone ist jedoch Vorsicht geboten. Wollt ihr von diesen Saatgut gewinnen, solltet ihr die Blüten isolieren und die Bestäubung von Hand durchführen. Im schlimmsten Fall können Varianten entstehen, deren Früchte ungenießbare, giftige Cucurbitacine enthalten. Entsorgt daher Früchte, wenn sie bitter schmecken!

F1-Hybride und samenfestes Saatgut

Manchmal werden Kreuzungen bewusst herbeigeführt, beispielsweise um Resistenzen gegenüber Krankheiten hervorzubringen. Dies geschieht durch Züchtung (auch im Bio-Bereich) oder Genmanipulation. Solche F1-Hybriden geben ihre besonderen Eigenschaften jedoch nicht an ihre Nachkommen weiter. Die Samen von genmanipulierten Hybriden sind steril. Für die Saatgutgewinnung eignen sich daher nur Pflanzen aus samenfestem Saatgut. Entsprechende Infos findet ihr auf Verpackungen und Etiketten.

VEGETATIVE VERMEHRUNG

Manche Pflanzen vermehren sich auch ohne Samen: Minzen und Erdbeeren bilden Ausläufer, um sich zu erhalten. Thymian und Rosmarin lassen Absenker wurzeln – junge Triebe, die über längere Zeit mit Erde in Berührung sind. Die Nachkommen sind Klone der Mutterpflanze, also im Erbgut mit ihr identisch.
Indem wir Wurzelstöcke teilen, Stecklinge und Ableger schneiden, beschleunigen wir die Vermehrung oder machen sie bei Hybriden überhaupt erst möglich. Zudem können wir so bestimmte Pflanzen erhalten und verjüngen.

Zerschneidet den Wurzelstock möglichst mittig, damit alle Teile Wurzeln haben. Verschenkt oder tauscht Jungpflanzen, wenn ihr sie nicht alle behalten möchtet.

Stauden teilen

Durch Teilung könnt ihr aus einer Staude mehrere, mit der Mutterpflanze identische Jungpflanzen gewinnen. Zugleich wird die alte Staude zu weiterem Wachstum angeregt. Faustregel: Frühlingsblüher werden im Spätherbst geteilt, alle anderen im Frühjahr, wenn die ersten Blätter austreiben.

Nehmt die Pflanzen dazu aus dem Gefäß und säubert die Wurzeln von alter Erde. Den Wurzelstock dann in etwa faustgroße Stücke teilen. Bei lockerem Wurzelwerk könnt ihr die Wurzeln vorsichtig auseinanderziehen. Kompakte Wurzeln muss man mit einem scharfen, sauberen Messer zerschneiden. Wichtig: Neben den Wurzeln brauchen die Pflanzen zwei bis drei unverletzte Triebknospen, damit sie gut anwachsen. Alte, vertrocknete und kranke Wurzelteile entfernen und nur bei Bedarf Wurzeln um maximal ein Drittel kürzen. Jungpflanzen in frische Erde topfen und gut angießen.

MEIN TIPP

Frischen Schnittlauch könnt ihr auf diese Weise auch im Winter ernten: Im Herbst teilen und drinnen auf der Fensterbank austreiben lassen. Für eine weitere Saison fehlt diesen Pflanzen danach jedoch meist die Kraft.

STECKLINGE SCHNEIDEN

Viele Kräuter, aber auch Tomaten und andere krautige Pflanzen, lassen sich über Stecklinge vermehren. Die daraus entstehenden Pflanzen haben dieselben Eigenschaften wie die Mutterpflanze. Stecklinge am besten vor der Blüte nehmen, von April bis Juni.

1.

Für Stecklinge von mediterranen Kräutern eignen sich halbverholzte Triebe. Ein Bio-Gärtner hat mir einen Trick verraten, um den idealen Zeitpunkt festzustellen: Den Trieb mit dem Daumen nach hinten biegen, er darf weder splittern noch sich komplett durchbiegen. Spürt man einen Widerstand, ist er für einen Steckling optimal.

2.

Den etwa 5 bis 7 cm langen Trieb mit einem scharfen Messer oder einer Gartenschere direkt unter einem Blattknoten schneiden.

3.

Im unteren Drittel der Triebe die Blätter entfernen. Den entlaubten Teil in frische, mit etwas Sand abgemagerte Anzuchterde stecken.

4.

Gut andrücken und angießen. In den folgenden Wochen darauf achten, dass die Erde nicht austrocknet. Halbschattig und eher warm stellen. Treiben die Stecklinge frisch aus, war die Vermehrung erfolgreich.

Mein Tipp: Minze, Basilikum und Tomaten wurzeln in einem Glas mit etwas Wasser besser. Sobald sich weiße Wurzeln zeigen, in frische Erde topfen.

1

2

3

4

GENERATIVE VERMEHRUNG

So nennt man die Vermehrung durch Samen. Trockene Samen können wir selbst am einfachsten von einjährigen Kräutern, Gemüsen und Blumen nehmen. Ob Samen reif sind, erkennt ihr am Aussehen: Der Fruchtstand, die Hülsen, Schoten und Kapseln vertrocknen und färben sich braun. Bei einigen könnt ihr es auch hören: Die Samen schlagen rasselnd aneinander, wenn ihr sie schüttelt.

Selbst ernten

Die meisten Samen reifen ab dem Sommer. Erntet sie mitsamt ihrer Hülle, bevor sich diese öffnet – am besten an einem trockenen, warmen Tag. Ideal ist es, das Saatgut komplett an der Pflanze ausreifen zu lassen. Sind die Tage eher feucht, muss es drinnen bei Zimmertemperatur auf Zeitungspapier oder in Pappschachteln unbedingt nachtrocknen. Vollständig getrocknete Samen aus den Hülsen und Schoten pulen und von den Fruchtständen nehmen. Leichte Spreu könnt ihr wegpusten – feine Samen leider auch. Das Saatgut in Tütchen und Gläser mit luftdichtem Schraubdeckel füllen. Beschriftung mit Name und Erntejahr nicht vergessen! Kühl, dunkel und trocken lagern.

1. Aus den selbst geernteten Samen könnt ihr in der neuen Gartensaison dann neue Pflanzen heranziehen. Dazu die Anzuchtschale mit Aussaaterde füllen.

2. Der Saattiefe entsprechend Rillen ziehen.

3. Samen mit Abstand einsäen und mit Erde bedecken.

4. Aussaat anfeuchten und gleichmäßig feucht halten.

TOMATENSAMEN GEWINNEN

Bei Tomaten, Andenbeere und Gurke sind die Samen von Fruchtfleisch umgeben. Um das Saatgut gut lagern zu können, ist es ratsam, die Samen zu fermentieren.

1.

Verwendet die ersten Früchte, um Samen zu gewinnen. Sie sind in der Regel gesund und hatten genug Zeit, um voll auszureifen. Halbiert die Früchte. Löffelt die Samen samt Fruchtfleisch aus dem Inneren und gebt sie in ein Glas.

2.

Das Glas mit Wasser füllen, umrühren und abdecken, damit keine Fruchtfliegen hineinfallen. Um die Fermentierung zu beschleunigen, könnt ihr dem Wasser ein paar Krümel Hefe oder etwas Zucker hinzufügen. In den folgenden zwei Tagen löst sich die gallertartige Hülle von den Samen, die auf den Glasboden sinken.

3.

Die Samen in ein feinmaschiges Sieb schütten und unter kaltem Leitungswasser abspülen.

4.

Auf Küchenpapier oder einen Kaffeefilter verteilen und komplett durchtrocknen lassen. Danach das Saatgut in beschrifteten Tütchen und Schraubgläsern dunkel, kühl und trocken aufbewahren.

ERFOLGREICH PFLEGEN

EINE NATÜRLICHE PFLEGE IST DAS GEHEIMNIS EINES NACHHALTIGEN BALKONS

Um Pflanzen ressourcenschonend zu gießen, biologisch zu düngen und nachhaltig vor Krankheiten und Schädlingen zu schützen, können wir natürliche Kreisläufe nutzen.

Wässern mit Augenmaß

Wasser ist ein wertvolles Gut. Mit einfachen Tricks können wir unsere Balkonpflanzen ohne schlechtes Gewissen und bedarfsgerecht gießen. Eine kleine Düngegabe ist manchmal schon inklusive.

Wasser transportiert Nährstoffe, ermöglicht Wachstum und Fotosynthese: Pflanzen brauchen Wasser zum Leben. Das Nass nehmen sie über ihre Wurzeln auf. Von dort gelangt es über den Stängel in die Blätter, Blüten und Früchte.

Bei Balkonpflanzen ist Gießen besonders wichtig. Windige und sonnige, heiße Tage lassen die Erde in den Gefäßen schnell austrocknen. Anders als im Garten und in der freien Natur können die Wurzeln nicht tiefer gehen, um Wasser zu suchen. Und Regen bringt nicht viel, wenn die Blätter das wertvolle Nass über den Rand des Topfes hinwegleiten.

Wie schnell die Erde letztlich austrocknet, hängt vom Wasserbedarf der Pflanze, von der Erde, vom Standort sowie dem Material und der Größe des Gefäßes ab: Kleine Töpfe und Tongefäße trocknen schneller aus als große. Im Schatten verdunstet weniger Wasser als in der Sonne. Ein Sonnensegel oder eine bodendeckende Bepflanzung können daher im Sommer sinnvoll sein. Auch das Zusammenstellen von Töpfen, dann beschatten sich die Pflanzen gegenseitig.

WASSERBEDARF ERFÜHLEN

Einfach nach Bauchgefühl zu gießen, ist die falsche Strategie. Das verschwendet Wasser und schadet den Pflanzen eher – insbesondere, wenn das Wasser in Gefäßen stehen bleibt. Bei Staunässe fangen Wurzeln oft an zu faulen.

Doch wie erkennen wir, dass wir gießen müssen? Eine trockene Oberfläche kann täuschen. Schlapp herab-

AUF DEM TROCKENEN

Kleine Töpfe fassen wenig Erde. Sie müssen häufiger gegossen werden.

Ihr habt vom Strandurlaub Muscheln mitgebracht? Im mediterranen Kräuterkasten sind sie hübsch und nützlich zugleich.

MEIN TIPP

Muschelmulch versorgt mediterrane Kräuter mit Kalk und reflektiert das Licht – ideal für Ecken mit indirekter Sonne.

hängende Blätter können ein Indiz sein, solange sich die Pflanze damit an heißen Tage nicht nur kurzfristig vor Verdunstung schützen will. Richtig zuverlässig ist nur die Fingerprobe: Den Zeigefinger ein paar Zentimeter tief in die Erde stecken und fühlen, wie feucht sie ist.

RICHTIGE ZEIT UND MENGE

Als ideale Zeit zum Gießen gilt der frühe Morgen. Anders als in den sonnig-warmen Mittagsstunden verdunstet die Feuchtigkeit langsamer, die Pflanzen nehmen sie nachhaltiger auf und kommen besser durch den Tag. Müsst ihr abends nochmals gießen, wartet ab, bis die Sonne nicht mehr direkt auf den Balkon scheint.

Gießt langsam (wirklich langsam) und mehrfach kleine Mengen ohne Tülle direkt in die Erde. Die Erde auf diese Weise komplett zu durchfeuchten, hat mehrere Vorteile. Die Wurzeln wachsen nicht nur unter der Oberfläche, sondern bilden im Topf kräftige, dichte Ballen, die die Pflanzen optimal versorgen. Gießt daher schon Jungpflanzen seltener, aber intensiv, sobald sie Fuß gefasst haben. Überschüssiges Wasser, das nach zehn Minuten noch im Untersetzer steht, einfach für die nächste Gießrunde einsammeln.

WASSER SAMMELN

Weiches Regenwasser ist zum Gießen ideal. Wenn es die Statik erlaubt, könnt ihr auf dem

1

1. Teereste sind zum Wegschütten viel zu schade: Sie eignen sich super zum Gießen oder Mulchen.

2. Erde lockern: „Einmal hacken spart dreimal gießen" lautet eine Gartenweisheit.

2

Balkon eine kleine Regentonne aufstellen, die ihr direkt oder über das Fallrohr füllt. Wichtig: Überlaufstopp einbauen und Tonne abdecken.
Wer keine Regentonne hat, muss nicht unbedingt auf frisches, teuer aufbereitetes Leitungswasser zurückgreifen. Diese Alternativen geben euren Pflanzen zudem einen Nährstoff-Kick (siehe auch Seite 55):

- aufgefangenes Waschwasser von Obst, Gemüse und Kräutern
- verdünnte Tee- und Kaffeereste
- abgestandenes Mineralwasser
- stark verdünntes, schales Bier
- ungesalzenes Kochwasser von Eiern, Kartoffeln, Spargel etc.
- verdünnte Milchreste

WASSER SPAREN DURCH BODENPFLEGE UND MULCHEN

Verkrustete Erde nimmt Wasser schlecht auf und lässt viel an der Oberfläche verdunsten. Lockert die Krume daher regelmäßig vorsichtig mit einer Gabel. Pflegeleicht ist eine Mulchschicht aus natürlichem Material wie ungewaschener Schafwolle, Stroh oder gesunden, zerkleinerten Pflanzenresten. Sie verhindert Verdunstung und unterdrückt Unkraut – das spart das Jäten. Vor dem Mulchen die Erde lockern und leicht düngen. Das Material etwa 3 cm dick schichten und einen Rand um die Pflanze lassen. Frische Aussaaten erst mulchen, wenn sie aufgegangen sind.

CHECKLISTE: RICHTIG GIESSEN

- Fingerprobe machen
- frühmorgens gießen
- direkt in die Erde gießen
- mehrmals und durchdringend wässern
- Wasser auffangen
- Bodenpflege und Mulchen

STROMLOSE BEWÄSSERUNGSHILFEN – NICHT NUR FÜR DEN KURZURLAUB

TONKEGEL & OLLA

Ollas und Tonkegel geben über ihre poröse Oberfläche nach und nach Flüssigkeit in die Erde ab. Tonkegel vorab wässern und je nach System entweder mit einem dünnen Schlauch verbinden, in eine Mehrweg-PET-Flasche schrauben oder in eine Glasflasche hineinstecken. Kegel in die Erde drücken. Flaschen an einer Stange stabilisieren, offene Wasserreservoirs abdecken. Auch als vollautomatisches Tropfsystem mit Solarpanel erhältlich.

KÜCHENPAPIER

Wie Küchenpapier Feuchtigkeit aufsaugt, habt ihr sicher schon beobachtet. Für die Gießhilfe je nach Größe des Topfes vier bis acht Blätter Küchenpapier abrollen, in der Breite falten und zusammendrehen. Die Papierwurst um die Pflanze wickeln und fest auf die Erde drücken. Ein Ende in einen Eimer mit Wasser hängen, aus dem das Papier dann Feuchtigkeit zieht. Vorher unbedingt testen!

SCHAFWOLLE

Ob als Vlies, Pellets oder unverarbeitet: Schafwolle kommt auf dem Balkon immer mehr in Mode. Das Naturmaterial ist ein feiner Dünger, ein toller Winterschutz und eignet sich zum Mulchen sowie als Wasserspeicher: Die Vliese zwischen die Erde in den Kasten legen. Ausgediente Baumwolltücher lassen sich ebenso nutzen.

GEFÄSSE MIT WASSERSPEICHER

Balkonkästen gibt es mit doppelten Böden zu kaufen. Etwa 30 cm hohe Kübel könnt ihr selbst mit einem Wasserspeicher ausstatten. So geht's: Abflussloch verschließen und in 10 cm Höhe Überlauflöcher in den Topf bohren. Drainage entsprechend hoch schichten, mit Vlies trennen und Erde einfüllen. Aus dem unteren Teil können sich Pflanzen nach Bedarf bedienen, wenn sie tief gewurzelt sind.

NACHBARSCHAFTSHILFE

Wollt ihr länger verreisen, stoßen nicht-automatisierte Bewässerungshilfen an ihre Grenzen. Mein Tipp: Liebe Menschen, die das Gießen übernehmen. Zum Dank dürfen sie ernten und sich auf ihren entspannten Urlaub freuen, während ihr ihre grünen Mitbewohner sittet.

OLLA SELBER BAUEN

Ollas sind unglasierte Tongefäße, die in die Erde eingegraben werden und dort nach und nach Wasser abgeben. Aus Tontöpfen könnt ihr sie mit wenig Aufwand selber bauen.

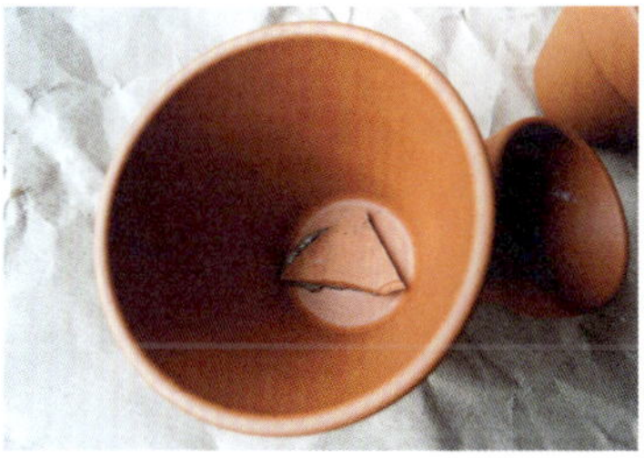

1.

Für eine Olla Marke Eigenbau braucht ihr zwei Blumentöpfe aus unglasiertem Ton. Die Größe richtet sich nach der Höhe des Gefäßes, in dem die fertige Olla vergraben wird: Sie muss nahezu komplett mit Erde bedeckt sein. Dann bei einem Topf das Abzugsloch verschließen – mit einem geschnitzten Korken oder einer festgeklebten Tonscherbe, einer Muschel oder einem Stein. Als Kleber eignen sich Lehm oder erwärmtes Bienenwachs, Gips oder lebensmittelechter Kleber wie Silikon.

2.

Die Töpfe an den Rändern verkleben und den Spalt ringsherum verfugen. Trocknen lassen.

3.

Die Olla senkrecht nah der Wurzel vergraben. Das Gefäß muss bis zum Rand in der Erde stehen.

4.

Mit Wasser füllen, Loch mit einem Stein oder einem Untersetzer abdecken. Vor dem ersten Frost entfernen.

Mein Tipp: Olla für Eilige! Einen verkorkten Tontopf vergraben und mit einem passenden, glasierten Untersetzer abdecken. Mit Steinen und Wasser gefüllt, dient er als Insektentränke.

Nahrung für die Pflanzen

Pflanzen brauchen Nährstoffe, damit sie wachsen, blühen und Früchte tragen. Sind die Vorräte in der Erde aufgebraucht, müssen wir sie zusätzlich mit Dünger versorgen – sonst verkümmern sie oder gehen ein.

ANSPRÜCHE VON GEMÜSE UND KRÄUTERN

STARKZEHRER

Fruchtbildende Gemüse wie Kartoffel, Kürbis, Mais, Melone, Paprika, Tomate, Zucchini

MITTELZEHRER

Kohlrabi, Mangold, Minze, Möhre, Petersilie, Schnittlauch, Rote Bete, Zwiebel

SCHWACHZEHRER

Bohne, Dicke Bohne, Erbse, Radieschen, Salat, Spinat, mediterrane Kräuter, Wildblumen und -kräuter

Tomaten sind hungrige Balkonbewohner. Mit blassgrün verfärbten Blättern zeigen sie im Laufe des Sommers mindestens einmal an, dass sie unterernährt sind. Spinat und Schnittlauch hingegen reicht das, was die Erde ihnen bietet. Wie kommt das? Gartenpflanzen und Gehölze unterscheidet man grob in drei Kategorien: Starkzehrer mit hohem Nährstoffbedarf, Mittelzehrer und genügsame Schwachzehrer. Letztere müssen wir in der Regel nicht düngen und können sie sogar in gebrauchte Erde setzen.

NACH BEDARF DÜNGEN

Ihr seht also: Immer viel düngen hilft leider nicht viel. Im Gegenteil. Zuviel Dünger kann Pflanzen sogar schaden. Mit Stickstoff überversorgte Pflanzen werden mastig und bieten mit ihren weichen Trieben Blattläusen eine ideale Angriffsfläche. **Mein Tipp:** Lieber wenig, aber regelmäßig düngen. Und immer nur, wenn die Pflanzen es anzeigen. Starkzehrern könnt ihr grundsätzlich beim Einpflanzen eine Portion organischen Langzeitdünger ins Pflanzloch geben oder sie nach etwa sechs Wochen

1. Bei Eisenmangel verfärben sich die Blätter. Nur die Adern bleiben grün.

2. Paprika gehören zu den Starkzehrern. Sie brauchen zur Blütezeit und für die Fruchtbildung viele Nährstoffe.

mit Brennnessel-Jauche oder Flüssigdünger aus Melasse versorgen. Vorher etwas wässern! Grundsätzlich ist es Ende August Zeit für die letzte Düngergabe. In die leeren Kisten und Kübel könnt ihr dann Leguminosen als Gründünger säen. Sie reichern die Erde über Knöllchenbakterien mit Stickstoff an und bedecken sie nach dem ersten Frost mit einer schützenden Mulchschicht.

WICHTIGE NÄHRSTOFFE

Dünger gibt es in flüssiger und fester Form. Für Pflanzen sind Stickstoff (N), Phosphor (P) und Kalium (K) sowie Magnesium (Mg), Schwefel (S) und andere Spurenelemente wichtig.
Jedes Element hat besondere Eigenschaften:

- Stickstoff brauchen Pflanzen, um zu wachsen und Blätter zu bilden. Fehlt er, bleiben Pflanzen klein und bekommen blassgrüne oder gelbliche Blätter.
- Phosphor sorgt für eine üppige Blüten- und Fruchtbildung. Bei einem Mangel färben sich die Blätter rötlich-violett und es gibt nur wenige oder gar keine Blüten und Früchte.
- Kalium reguliert den Wasserhaushalt und macht Pflanzen stark – auch gegenüber saugenden Schädlingen. Die Pflanze wächst außerdem nicht und welkt, wenn es nicht ausreichend vorhanden ist.
- Magnesium und Eisen machen die Blätter grün. Sie fördern die Bildung von Chlorophyll, den Stoffwechsel und die Nährstoffaufnahme. Bei Eisenmangel werden Blätter zwischen den grünen Blattadern blass bis gelblich. Fehlt Magnesium, bilden sich einzelne gelbe oder rostbraune Flecken.
- Schwefel sorgt zum Beispiel bei Zwiebeln und Kohl für intensiven Geruch. So schützt er die Blätter vor Insektenfraß. Ohne ihn wachsen die Pflanzen nicht, die Blätter färben sich gelb und die Stiele violett.
- Kalzium ist für den Ansatz und die Bildung von Früchten unerlässlich. Ein Mangel kann bei Tomate, Paprika und Zucchini zu Blütenendfäule führen, bei der Früchte matschig werden und die Unterseite grau-braune Stellen bekommt. Zur Vorbeugung könnt ihr mit Gesteinsmehl kalken.

1

2

1. Horndünger besteht aus zerkleinerten Hufen und Hörnern geschlachteter Rinder und enthält fast nur Stickstoff. Im Handel wird er als Späne, Gries und Mehl angeboten. Je feiner das Horn zermahlen ist, desto schneller werden die Nährstoffe freigesetzt.

BIO-DÜNGER UND IHRE BESTANDTEILE

„Bio" sind Dünger, die aus organischem Material bestehen. Aus ökologischem Anbau muss dieses aber nicht stammen.

Schafwolle

Schafwolle enthält – wie jedes Haar – viel Stickstoff. Es wird als Langzeitdünger in Form von Pellets angeboten. Je nach Hersteller werden dabei auch Wollfett, Gras und Kot mitverarbeitet. Ein Bonus: Wolle kann Wasser speichern.

Klee

Klee wird als Gründüngung eingesetzt. Als Volldünger gibt es ihn in handlichen Pellets, sogar zertifiziert mit Bio-Siegel. Kleedünger enthält alle wichtigen Nährstoffe wie Stickstoff, Phosphor, Kalium, Magnesium und Kalzium. Besteht er nur aus Pflanzenfasern, eignet er sich für den veganen Balkongarten.

Rinder- und Pferdedung

Für den Balkon eignet sich die getrocknete Variante aus extensiver Bio-Landwirtschaft. In Pelletform lässt sich der Dung auch einfach lagern und dosieren.

Guano

Als Guano bezeichnet man den Kot von Seevögeln, der überwiegend an den Küsten Südamerikas abgebaut wird. Neben langen Transportwegen trüben schlechte Arbeitsbedingungen die nachhaltige Bilanz. Reich an Stickstoff und Phosphor, wird der stark ätzende Guano anderen Düngern beigemischt.

Gärreste

In Biogasanlagen wird aus Mais, Getreide, Gülle und Mist Energie gewonnen. Getrocknet und zu Pellets gepresst, wird die vergärte Biomasse danach als Langzeitdünger verkauft. Die Zusammensetzung variiert je nach Biomasse.

Zuckerrüben

Die Zuckerrüben werden zu einer zähflüssigen Melasse verarbeitet. In Wasser gelöst, können die Pflanzen die Nährstoffe schnell aufnehmen. Purer Zuckerrübendünger ist vegan.

3

2. In Bokashi-Eimern könnt ihr Gemüsereste und andere Küchenabfälle fermentieren.

3. Nicht vergessen: Löcher im Komposteimer für die Belüftung.

KOMPOST-ZUTATEN

Was in den Mini-Komposter darf, hängt von der Verrottungsmethode ab. Grundsätzlich eignet sich alles an gesundem, organischem Material, das sich rasch zersetzt – je kleiner, desto schneller. Auch Zeitungspapier, Karton, Eierschalen, Teereste und Kaffeesatz könnt ihr hier entsorgen. Ausnahmen sind gekochtes Essen, kranke Pflanzenteile, große Mengen an Schalen von Zitrusfrüchten, Unkraut sowie Pflanzen mit Samen. Urgesteinsmehl kann unangenehmen Gestank von Jauchen und Kompost mindern.

PFLANZENDÜNGER SELBER MACHEN

Aus gesunden Pflanzenresten und Küchenabfällen – idealerweise in Bio-Qualität – können wir vollwertigen Dünger herstellen. Über Jahre gesehen spart das einiges an Geld und Fahrten zum Gartencenter. Und wir wissen genau, was im Dünger drin ist.

Bokashi

Schnell an Dünger kommt man durch die Fermentierung organischer Materialien, auch Bokashi genannt. Im Handel gibt es entsprechende Eimer aus zwei ineinander gestapelten Behältern und mit einem Hahn zum Abzapfen der Flüssigkeit. Wichtig beim Eigenbau: Der Eimer muss luftdicht verschließen, damit das Innere nicht fault.
Für das Bokashi werden Küchenabfälle dicht in einem Eimer geschichtet und mit effektiven Mikroorganismen bestreut. Innerhalb weniger Wochen vergären die Milchsäurebakterien das Material in dem fest verschlossenen Behälter. Das Ergebnis erinnert eher an Sauerkraut als an Kompost: Die Abfälle haben sich nicht zersetzt und riechen säuerlich.
Das feste Bokashi könnt ihr mit Pflanzenerde mischen und nach etwa zwei Wochen bepflanzen. Als effektiver gilt die Flüssigkeit, die ihr schon wenige Tage nach Beginn der Fermentierung abfüllen und den Pflanzen zugießen könnt.

Mini-Komposter

Einfache Mini-Komposter könnt ihr aus einem ausrangierten Plastikmülleimer mit Deckel selber bauen: In den Boden und den unteren Teil der Tonne Löcher bohren und sie so auf Kanthölzer in eine alte Wanne oder einen ähnlich großen Untersetzer stellen, dass die Flüssigkeit leicht abfließen und Luft zirkulieren kann.
Im Laufe der Zeit zersetzen Kleinstlebewesen und Bakterien Küchenabfälle, Papier und Pflanzenreste – und das relativ geruchsneutral. Wichtig: Der Kompost darf weder zu trocken noch zu nass sein. Mischt unterschiedliche Materialen gut und locker, damit sie nicht verkleben, faulen und stinken. Den fertigen Kompost könnt ihr etwa ein bis zwei Mal im Jahr verwenden. Die Flüssigkeit eignet sich verdünnt als Flüssigdünger.

1. In einem Wurmkomposter verarbeiten Würmer und Mikroorganismen frische Küchenabfälle zu nährstoffreichem, organischen Dünger. Mischt ab und zu Pappe oder Streu dazu, damit der Wurmhumus nicht zu feucht wird und unangenehm riecht.

2. Unauffällig und chic: mehrstöckige Wurmfarm aus gebranntem Ton.

1

2

Wurmkompost

In einer kleinen Wurmfarm zersetzen Kompostwürmer und Mikroorganismen die organischen Reste in Gemeinschaftsarbeit. Sie brauchen dafür einen eher schattigen, frostfreien Platz und Temperaturen zwischen 10 und 25 °C.
Je nach Größe und Bauweise verläuft der Rotteprozess schneller als in einem Mini-Komposter. Wurmkompost könnt ihr zwei bis drei Mal im Jahr entnehmen, verdünnten Wurm-Tee als Flüssigdünger gießen.
Im Online-Handel gibt es nicht nur Kompostwürmer, sondern auch fertige Kisten und Tonbehälter für Küche und Wohnzimmer zu kaufen, denen man ihr tierisches Innenleben gar nicht ansieht. Kostengünstiger ist es, eine Wurmkiste selber zu bauen. Die schnellste Variante: Zwei Holzkisten mit Löchern im Boden übereinanderstapeln, sodass sich die Würmer frei zwischen den Etagen bewegen können und sich die Flüssigkeit wie beim Komposter auffangen lässt. Ein Deckel verhindert, dass die Würmer ausbüxen.

Pflanzen-Jauchen

Aus Brennnesseln lässt sich Flüssigdünger herstellen: 1 kg frisches, grob zerkleinertes Grün oder 200 g trockenes Kraut mit 10 Litern abgestandenem Wasser übergießen. Die Mischung zugedeckt zwei bis drei Wochen lang gären lassen, bis sich keine Blasen mehr bilden. Abseihen und vor dem Gießen im Verhältnis 1:10 mit Wasser verdünnen. Mit Wasser im Verhältnis 1:50 verdünnt, könnt ihr die Brennnessel-Jauche gegen Blattläuse und Spinnmilben spritzen.

Pflanzen-Brühen

Neben Brennnessel gibt es noch weitere Wildkräuter, die unseren Balkonpflanzen helfen. Aus den gesammelten Pflanzen können wir Brühen ansetzen – einfach, günstig und plastikfrei (Seite 67). Effektiv sind zum Beispiel:

- Ackerschachtelhalm: Brühe zur Pflanzenstärkung und vorbeugend gegen Mehltau und Spinnmilben
- Efeu: Brühe gegen Blattläuse
- Knoblauch: Brühe gegen Mehltau, Rost und Spinnmilben
- Rainfarn: Brühe gegen Mehltau, Raupen, Läuse und andere saugende Insekten
- Wermut: Brühe gegen Läuse, Raupen und Ameisen
- Pflanzen-Brühen: Fertige Konzentrate gibt es im Handel. Günstiger und plastikfrei ist es, aus gesammelten Pflanzen Brühen anzusetzen (Seite 67).

NATÜRLICHE DÜNGER AUS DEM HAUSHALT

KAFFEE UND TEE

Kaffeesatz ist zum Wegwerfen viel zu schade. Gut getrocknet in die Erde einarbeiten, damit er nicht schimmelt. Kalte Kaffeereste 1:1 mit Wasser gemischt gießen. Aber in Maßen: Zuviel Kaffee kann Erde sauer machen. Daher bevorzugt für Heidelbeeren und Zitrusbäumchen verwenden oder maximal alle zwei Wochen geben. Mit verdünnten Resten von Kräuter-, Grünem und Schwarzem Tee könnt ihr ebenfalls düngen. Gebrauchte Beutel einfach für mehrere Stunden in kaltem Wasser ziehen lassen.

BIER

Ab und zu vertragen Pflanzen einen Schluck Bier – allerdings gut abgestanden und mit reichlich Wasser verdünnt. Flüssigen Bierdünger maximal alle zwei Wochen gießen.

BANANENSCHALEN

Bananenschalen enthalten wenig Stickstoff, dafür aber Kalium und Magnesium. Davon profitieren starkzehrende Gewächse, die für Kaliummangel anfällig sind. Tomaten beispielsweise entwickeln dann Blütenendfäule. Bananenschalen zerkleinern, trocknen und in die Erde einarbeiten.

EIERSCHALEN

Eierschalen bestehen überwiegend aus Kalziumkarbonat, auch kohlensaurer Kalk genannt. Damit lässt sich der pH-Wert saurer Erde wieder ins Gleichgewicht bringen. Kalkliebende Kräuter wie Rosmarin, Lavendel, Salbei, Thymian, Borretsch und Petersilie könnt ihr damit düngen, wenn das Gießwasser aus der Leitung nicht genug Kalk enthält. Eierschalen fein mahlen und damit gießen. Zerkleinerte Schalenstückchen holen sich im Frühjahr auch die Vögel.

HAARE UND FINGERNÄGEL

Wie die Hufe von Rindern bestehen auch Fingernägel und Haustierkrallen aus Horn. Zu Hornmehl gemahlen, sind sie ein stickstoffhaltiger Dünger für Starkzehrer wie Tomate, Kartoffel und Paprika.

MILCH

Milch enthält viele Nährstoffe, insbesondere Kalzium. Abgelaufene Milch sowie Reste aus Flaschen und Tüten könnt ihr mit kaltem Wasser ausschwenken, um damit die Pflanzen zu gießen.

Mischkultur und Fruchtfolge

In mancherlei Hinsicht sind Pflanzen uns Menschen gar nicht so unähnlich. So gibt es auch in ihrer Welt Gewächse, die sich gut ergänzen und gegenseitig unterstützen.

Auf meinem Balkon gibt es kaum ein Einzelzimmer. Da wachsen Sonnenblumen und Bohnen in der Kürbiskiste. Basilikum keimt unter Tomatenblättern.
Und Radieschen, Möhre und Etagenzwiebel teilen sich im Frühjahr einen Kasten. Zwischen allen blühen Kornblumen und Tagetes – und ab und an eine Petersilie.
Das vermeintliche Durcheinander hat tatsächlich System: So manche Balkon-WG habe ich ganz bewusst zusammengestellt.

PFLANZLICHE NACHBARSCHAFTSHILFE

Eine Kiste mit verschiedenen Kräutern, Gemüsen und Blumen bepflanzt, sieht nicht nur hübsch aus. Im Idealfall locken clevere Kombinationen bestäubende Insekten an. Das fördert die Artenvielfalt – und eine reiche Ernte.
Überhaupt hilft uns eine solch vielseitige Bepflanzung, die doch eher beengten Verhältnisse im Balkongarten optimal zu nutzen! Starkzehrer lassen sich gut mit genügsamen Pflänzchen kombinieren, schnellwachsende Gemüse machen nach und nach den langsamen Platz. Manche profitieren vom Schatten, den größere Nachbarn werfen. Und einige Mischkulturen vertreiben sich gegenseitig spezialisierte Schädlinge oder halten die Erde gesund.
Es gibt jedoch auch Zusammensetzungen, die nicht so gut funktionieren. Wenn Pflanzen dieselben Krankheiten bekommen, sich gegenseitig im Wachstum behindern oder Nährstoffe und Wasser streitig machen, herrscht dicke Luft in der Pflanzen-WG. Doch keine Sorge: Bis auf wenige Ausnahmen gibt es fast immer passende Mitbewohner. Und ist in einer Kiste kein Platz mehr für eine Mischkultur, könnt ihr einen passenden Nachbarn in einem Topf daneben stellen.

Tipps für Mischkultur und Fruchtfolge

— Pflanzen mit ähnlichen Ansprüchen kombinieren
— verschiedene Pflanzenfamilien mischen
— Pflanzen mit unterschiedlichem Nährstoff- und Wasserbedarf kombinieren
— Wuchshöhen und -geschwindigkeiten beachten
— Tief- und Flachwurzler mischen, damit die Wurzeln nicht konkurrieren

Tolle Partner, auch im Kasten: Tomate und Basilikum

- Feldsalat ist immer als Nachkultur möglich
- reichlich Tagetes, Ringelblumen und nektarreiche Blumen säen
- experimentieren und beobachten!

FRUCHTFOLGE UND -WECHSEL

Fruchtwechsel basiert auf ähnlichen Überlegungen wie Mischkultur. Allerdings geht es hierbei um die zeitliche Abfolge beim Anbau: Es gilt, die Nährstoffe in der Erde clever zu nutzen, sie also nicht einseitig auszulaugen, sondern im Idealfall sogar wieder mit Nährstoffen anzureichern. Außerdem kann ein Fruchtwechsel verhindern, dass Schädlinge und Krankheiten immer wieder auftreten. Das Prinzip stammt aus der Landwirtschaft, lässt sich im Kleinen aber auch auf das biologische Balkongärtnern anwenden. Erfahrungsgemäß sind die Zyklen jedoch kürzer als auf einem Feld und in einem Gartenbeet. Nach etwa zwei bis drei Jahren ist es an der Zeit, die Erde aus den Kästen aufzuarbeiten oder auszutauschen. Zwei Dinge gilt es für die Fruchtfolge zu beachten: den Nährstoffbedarf der Pflanzen und den Wechsel von Pflanzenfamilien. Letzteres ist insbesondere bei Kreuzblütengewächsen wie Kohl (Blumenkohl, Brokkoli, Kohlrabi) wichtig. Sie können von der gefürchteten Kohlhernie befallen werden, die sogar mehrere Jahre lang im Boden überdauern kann. Auch Radieschen und Rucola können Überträger der Krankheit sein.

Pflanzenfamilien

- Baldriangewächse: Feldsalat
- Doldenblütler: Dill, Fenchel, Möhre, Petersilie
- Gänsefußgewächse: Mangold, Rote Bete, Spinat
- Korbblütler: Blatt- und Kopfsalate, Gelbe Wucherblume, Ringelblume, Sonnenblume, Tagetes
- Kreuzblütler: Asia-Salate, Gartenkresse, alle Kohlarten, Radieschen, Rauke, Senf
- Kürbisgewächse: Gurke, alle Kürbisse, Melone, Zucchini
- Lauchgewächse: Knoblauch, Lauch, Schnittlauch, Schnittknoblauch, alle Zwiebeln
- Lippenblütler: Basilikum, Rosmarin, Minze, Salbei
- Nachtschattengewächse: Andenbeere, Aubergine, Chili, Kartoffel, Paprika, Tomate
- Schmetterlingsblütler/Hülsenfrüchtler: Dicke Bohne, Bohne, Erbse, Wicke

Bienenfreundlicher Lippenblütler: Basilikum

Buchweizen ist nicht nur ein toller Gründünger. Seine Blüten sind begehrte Bienenweiden und ebenso essbar wie Blätter und Samen.

Augenschmaus: Die nektarreichen, feuerroten Blüten des Inkarnatklee

GRÜNDÜNGUNG

Als Gründüngung bezeichnet man Pflanzen, die den Boden verbessern. Sie schützen ihn vor dem Austrocknen, vor Unkraut und Schädlingen, reichern ihn mit Nährstoffen an. Dafür eignen sich insbesondere Leguminosen wie Bohnen und Erbsen: Die Hülsenfrüchte leben in einer Symbiose mit Knöllchenbakterien, die Stickstoff in der Erde binden. Studentenblume und Ringelblume wiederum schützen Pflanzen. Sie halten Fadenwürmer (Nematoden) fern, die die Wurzeln schädigen.

Bei Gründüngung wie Bienenfreund, Buchweizen und Klee lohnt sich eine Aussaat ab dem Spätsommer: Frieren die Pflanzen nach dem ersten Frost ab, bedecken sie als Mulchschicht die nackte Erde, sodass sich keine Beikräuter einsäen können. Je nach Menge könnt ihr die Pflanzenreste später einarbeiten, kompostieren oder über den Bio-Müll entsorgen. Bleibt es den Winter über mild, blüht die Gründüngung im folgenden Frühjahr. Als Bienenweide versorgt sie dann junge Hummelköniginnen mit wichtiger Nahrung.

Mein Tipp: Achtet bei Gründüngung auf die Fruchtfolge. Verwandtschaftlich meist unproblematisch sind Phazelia (Raublattgewächs) und Feldsalat (Baldriangewächs).

Pflanzen für Gründüngung auf dem Balkon

- Bienenfreund/Phazelia: Mulch, Bodenverbesserung; Bienenweide
- Bohnen: Stickstofflieferant; essbar
- Buchweizen: Mulch, Bodenverbesserung
- Dicke Bohne: Stickstofflieferant; essbar
- Erbsen: Stickstofflieferant; essbar
- Feldsalat: Bodenlockerung, Mulch; essbar
- (Inkarnat)Klee: Mulch, Stickstofflieferant; Bienenweide
- Ringelblume: Schutz vor Nematoden, Bodenlockerung; Bienenweide; essbar
- Sonnenblumen: Bodenlockerung; Bienenweide, Vogelfutter
- Studentenblume/Tagetes: Schutz vor Nematoden; Bienenweide
- Weißer Senf: Bodenlockerung; Bienenweide; essbar

1

2

1. Sät ihr Radieschen und Möhren gleichzeitig aus, nutzt ihr kleinen Raum optimal.

2. Mal probieren: Erdbeeren und Zwiebeln sind zumindest im Anbau eine tolle Kombi.

PFLANZIDEEN FÜR GELUNGENE MISCHKULTUREN

Je nach Größe von Kübel und Kasten sind zwei bis drei Arten empfehlenswert, damit alle genug Platz haben. Ihr könnt auch Kübel und Töpfe entsprechend zusammenstellen.

Frühlingshafte Wurzelkiste

Radieschen sind Schnellstarter – das ist in dieser Mischkultur ein Vorteil. Einfach eine Reihe zwischen Möhren und Etagenzwiebeln setzen. Die Radieschen sind reif, wenn die Möhren aus der Erde schauen. Die verbliebenen Gemüse halten sich gegenseitig Möhren- und Zwiebelfliege fern. Zwiebelalternative: Schnittlauch.

Kultivierte Caprese

Tomaten und Basilikum sind nicht nur auf dem Teller ein tolles Gespann. Basilikum unter den Tomaten aussäen, wenn diese ab Mitte Mai gepflanzt sind. Alternativ Staudenbasilikum als Jungpflanze setzen. Die Tomatenblätter sorgen für Schatten.

Aromatischer Erdbeertopf

Manche Kombinationen würde ich nicht essen wollen. Im Blumentopf hingegen lasse ich mir Erdbeeren und Etagenzwiebeln oder Knoblauch gern gefallen. Ob die Lauchgewächse den Grauschimmel fernhalten, ist nicht erwiesen. Die Erdbeeren sehen seither auf jeden Fall besser aus.

Tiefgründige Beziehungskiste

Dass Möhren und Erbsen zusammenpassen, hat tieferliegende Gründe. Während die einen sich nach unten ausbreiten, bleiben die anderen mit ihren Wurzeln eher an der Oberfläche. Gerade aufgrund dieser Vorlieben passen die beiden gut zusammen. Oder anders gesagt: Gegensätze ziehen sich an.

Bohnen-Liebe

Egal ob Stangen- oder Buschbohne: Dass Bohnenkraut ein idealer Partner für sie ist, lässt sich am Namen erahnen. Wem das zu spießig ist, kann mit Mangold für Abwechslung sorgen. Dill eignet sich für eine Dreier-Beziehung, wenn noch Platz im Kübel ist.

Mini-Milpa

Kürbis, Bohne und Mais in einem Beet zu pflanzen, hat in Südamerika Tradition. Auf dem Balkon fehlt dafür oftmals der Platz. Es sei denn, man pflanzt einen Mini-Hokkaido und Stangenbohne und denkt sich den Mais dazu – oder ersetzt ihn durch eine Sonnenblume.

Herbst-Kiste

Für frisches Gemüse in der zweiten Jahreshälfte sorgen Rote Bete und Feldsalat. Die beiden genügsamen Gewächse können wir sogar noch im Winter ernten. Am besten als Salat zubereiten – wahlweise mit Honig, Walnüssen und karamellisiertem Ziegenkäse oder körnigem Frischkäse.

Von wegen Unkraut

Unkraut gilt auf dem Balkon als Graus, Wildkräuter hingegen als kulinarisches Highlight. Ziemlich verwirrend – vor allem, wenn es sich um ein und dieselbe Pflanze handelt.

Vogelmiere schmeckt wie Mini-Mais.

Vogelmiere ist eine meiner Favoriten. Die kleinen eiförmigen Blätter schmecken nach jungem Mais und machen sich herrlich im Kräuterquark. Und Brennnessel! Ein ganz tolles Kraut, sei es in der Küche, als Dünger oder Kinderstube für Schmetterlingsraupen. Tatsächlich hatte ich einmal eine Große Brennnessel in einer Kiste angebaut – und damit ziemlich Verwunderung geerntet. Vogelmiere und Brennnessel sind als Unkraut verschrien. Ich freue mich hingegen über kostenlose Zutaten und Bio-Dünger. Wie geht das zusammen?

ANSICHTSSACHE!

Tatsächlich ist es eine Frage der Perspektive, ob wir eine Pflanze als Fluch oder Segen, als Unkraut oder Wildkraut ansehen. Grundsätzlich sind Brennnessel und Vogelmiere Pflanzen wie andere auch: Sie wurzeln in der Erde und wachsen der Sonne entgegen. Doch genau da beginnt das Problem. Unkraut haben wir nicht bewusst in eine Kiste gesät. Es steht in Konkurrenz zu Salat und Tomate, die eigentlich dort wachsen sollen: Es nimmt ihnen Nährstoffe, Wasser und Platz weg und stellt mit seinem schnellen Wuchs gerade junges Gemüse in den Schatten.

Unkraut ist also jede Pflanze, die aus unserer Sicht unerwünscht ist. Und das muss noch nicht einmal eine Brennnessel oder Vogelmiere sein. Eine Kornblume, eine Minze oder ein Radieschen können als solche ebenso wahrgenommen werden, wenn sie aus unserer Sicht im falschen Kübel wachsen oder sich zu sehr ausbreiten.

DIE WILDE SEITE

So manches Unkraut hat aber auch positive Seiten. Wildkräutern sagt man jede Menge gesunder Vitamine, Mineralstoffe und Spurenelemente nach. Sie lassen sich für Kräuterquark, Salate, Kräutersalz, Tee und als Spinatersatz verwenden. Grundsätzlich gilt immer: Nur das essen, was ihr ganz genau

Ungewöhnliches Balkongemüse: Brennnessel

ESSBARE WILDKRÄUTER

- Brennnessel *(Urtica dioica)*
- Dost *(Origanum vulgare)*
- Gänseblümchen *(Bellis perennis)*
- Giersch *(Aegopodium podagraria)*
- Gundermann *(Glechoma hederacea)*
- Knoblauchsrauke *(Alliaria petiolata)*
- Franzosenkraut/Knopfkraut *(Galinsoga parviflora, G. ciliata)*
- Löwenzahn *(Taraxacum officinale)*
- Sauerklee *(Oxalis)*
- Tellerkraut *(Claytonia perfoliata)*
- Vogelmiere *(Stellaria media)*

kennt. Verwechslungen können tödlich sein! Zudem können wir aus Ackerschachtelhalm und Brennnessel kostenlose Bio-Dünger und Pflanzenschutzmittel herstellen (Seite 53 f., 67). Und auch Tiere profitieren von den pflegeleichten Wildpflanzen: Die Große Brennnessel gilt als wichtige Futterpflanze für Schmetterlingsraupen. Gänseblümchen, Löwenzahn und Giersch sind mit ihren einfachen Blüten viel besuchte Bienenweiden.

VERBREITUNGSSTRATEGIEN

Unkraut unterteilt man in zwei Gruppen. Bei Wurzelunkräutern wie Brennnessel und Giersch können schon aus kleinen Wurzelstücken neue Pflanzen wachsen. Sie sind im Balkongarten eher selten. Häufiger ist Unkraut, das sich über Samen oder oberirdische Ausläufer verbreitet, zum Beispiel Vogelmiere, Knopfkraut und Gundermann. Diese also nicht Samen bilden lassen, wenn sie sich in eurem Balkongarten nicht ausbreiten dürfen.

UNKRAUT ENTFERNEN UND VERMEIDEN

Grundsätzlich ist der Ärger mit wildwachsender Spontanvegetation auf dem Balkon überschaubar. Wir sollten ihr daher mit Augenmaß begegnen. Gift hat im nachhaltigen Garten nichts zu suchen – und ist auf dem Balkon völlig übertrieben. Sinnvoller ist es, das Miteinander in Kasten und Kübel im Blick zu behalten und regelmäßig nach dem Gießen zu jäten. Ist die Erde feucht, lassen sich flachwurzelnde Pflanzen samt Wurzel leicht herausziehen. Rauben euch Wurzelunkräuter den letzten Nerv, die Erde einfach komplett austauschen und über den Restmüll entsorgen. Wer Wildkräuter von vornherein fernhalten will, kann die Erde schützen: durch dichte und bodendeckende Bepflanzung, ein Vlies oder eine Mulchschicht aus Wolle oder kleingeschnittenen Pflanzenresten. So säen sich die Samen nicht so gut in der Erde aus.

Vor Krankheiten und Schädlingen schützen

Schädlinge und Krankheiten machen unseren grünen Balkonbewohnern arg zu schaffen. Doch keine Panik! Mit einfachen Mitteln können wir sie schützen und gesund erhalten.

LUFTIG UND GESUND

Geizt Tomaten aus, damit Luft zirkuliert und die Blätter trocknen können – so bleibt die Pflanze gesund.

Knackiger Salat, pralle Tomaten und tiefgrüne, duftende Minzblätter – so sieht eine Balkonernte nach meinem Geschmack aus. Doch leider klappt das nicht immer. Gerade im Frühjahr entdecke ich regelmäßig kleine, grüne Tierchen in der Minze und an den frischen Oreganotrieben. Und an feucht-warmen Sommertagen macht sich ab und zu ein weißer, mehliger Belag auf den Waldmeisterblättern breit.

Ja, auch auf dem Balkon gibt es allerlei, das einem die Gartenfreude zu vermiesen sucht. Schnecken trifft man zwar eher selten. Dafür können uns Blattläuse, Spinnmilben, Raupen, Mehltau und Grauschimmel ganz schön in Atem halten und die Pflanzen stressen. Wichtig ist es daher, Triebe und Blätter regelmäßig auf Schädlings- und Krankheitsbefall hin zu kontrollieren – und das sowohl an der Ober- als auch an der Unterseite. Je früher wir ein Problem erkennen, desto besser!

BEFALL ERKENNEN

Erkrankten und befallenen Pflanzen sieht man ganz gut an, dass etwas nicht stimmt. Löchrige Blätter oder angefressene Ränder, sich kräuselndes Grün, eine schimmernde, klebrige Spur oder ein emsiger Ameisenverkehr können auf ungewollte Mitesser wie Raupen und Blattläuse hinweisen. Aus meiner Sicht ist das nicht gleich ein Grund zur Panik. Denn oftmals tauchen zeitnah Meise, Marienkäfer und Florfliege auf, um die Schädlinge zu dezimieren. Nur wenn die Pflanze sichtlich leidet und kein

1. Raupen des Kohlweißlings fressen Kohl und andere Kreuzblütler in kurzer Zeit ratzekahl.

2. Kontrolliert Jungpflanzen im Frühjahr regelmäßig, ob sie von Blattläusen befallen sind.

natürlicher Gegenspieler in Sicht ist, ist es ratsam einzugreifen. Anders sieht es bei Krankheiten aus. Welken Pflanzen trotz guter Pflege dahin oder wachsen sie nur langsam, verfärben sich die Blätter oder bekommen sie Flecken, fangen Früchte an zu schimmeln oder zu faulen, sollten wir aufmerken – und am besten rasch handeln, damit sich die Krankheit nicht weiter ausbreitet. Erste Hilfe: Befallene Pflanzenteile sofort entfernen und über den Restmüll entsorgen.

AUF ABSTAND PFLANZEN

Tomate, Salat und Bohne haben bestimmte Vorlieben für Licht und Schatten. Fühlen sie sich an ihrem Standort nicht wohl, bekommen sie Stress – und das macht sie krankheitsanfällig. Kauft daher die passenden Pflanzen für euren Balkon.
Und auch wenn es verführerisch ist: Stellt und setzt Pflanzen nicht zu dicht und dünnt Aussaaten rechtzeitig aus. Gerade Mehltau und Krautfäule entstehen, wenn die Blätter nicht trocknen und Luft nicht zirkulieren kann. Stehen Tomaten oder Feldsalat dicht an dicht, verbreiten sich die Krankheiten rasant. Pflegehinweise hierzu findet ihr bei den Pflanzenbeschreibungen ab Seite 76.

REGELMÄSSIG PFLEGEN

Gießen und düngen gehören zum Standardprogramm im Balkongarten. Die Pflanzen wässert ihr am besten direkt in die Erde. Und nicht übertreiben: Nasse Erde und Staunässe lassen Wurzeln faulen und locken Trauermücken an. Zu viel Stickstoffdünger macht die Pflanzen mastig und die Triebe weich, das freut die Blattläuse.
Welke und vergilbte Blätter zu entfernen, mag etwas Pedantisches haben. Und doch gehört dies zu einer guten Pflege dazu. Befallene Triebe bitte nicht über die Bio-Tonne entsorgen. Schere und Messer nach Gebrauch reinigen, damit andere Pflanzen nicht infiziert werden.

PFLANZEN STÄRKEN

Brühen aus Ackerschachtelhalm, Brennnessel und Knoblauch können die Pflanzen stärken – unter anderem gegen Pilzkrankheiten und Blattläuse (Seite 67). Eine Mischung aus Milch und Wasser (im Verhältnis 1:10) beugt Mehltau und Krautfäule bei Tomaten vor. Ab dem Frühjahr regelmäßig aufsprühen (alle ein bis zwei Wochen).

1

2

1. Laut NABU vertilgen die Nachkommen eines Marienkäfers in einem Sommer bis zu 100.000 Läuse.

2. Kleiner Kohlweißling

VORSICHT SPRITZ-MITTEL

Dass Pestizide in einem nachhaltigen Balkongarten nichts zu suchen haben, ist wohl selbstredend. Doch auch Mittel auf biologischer Basis gilt es, mit Bedacht einzusetzen. Begriffe wie „bio", „bienenfreundlich" oder „nützlingsschonend" sind leider nicht verlässlich. Pyrethrine und Neem können beispielsweise Schädlinge bekämpfen, aber auch Nützlinge töten. Als verträglicher gelten ein Sud aus Efeu und Rainfarn sowie Kaliseife oder Rapsölpräparate.

NÜTZLINGE UNTERSTÜTZEN

Marienkäfer, Florfliegenlarven, Ohrenkneifer und einige Vögel haben ein Faible für Blattläuse. Florfliegenlarven halten zudem Weiße Fliege, Thripse und Spinnmilben in Schach. Ihnen auf dem Balkon einen Lebensraum zu bieten, ist daher nachhaltig und clever. Mehr dazu auf Seite 116.

Mein Tipp: Im Pflanzenschutz-Informationssystem könnt ihr nachlesen, inwiefern ein Spritzmittel nützlichen Insekten schadet. Neben Infos zu konkreten Produkten und Wirkstoffen findet ihr dort auch Alternativen (siehe Service Seite 123).

TIERISCHE PLAGEGEISTER

Frisches Grün lockt Mitesser an, doch nicht alle sorgen für Begeisterung. Zu chemischen Keulen müssen wir dennoch nicht greifen.

Blattläuse

Blattläuse schwächen die Pflanzen im Frühling und im Frühsommer, indem sie Pflanzensaft aus frischen Trieben, jungen Blättern und Knospen saugen. Gleichzeitig können sie so Krankheiten übertragen. Neben grünen Blattläusen gibt es auch rote, gelbe und schwarze Arten. Läusebefall erkennt ihr an gekräuselten Blättern und dem silbrig-glänzenden Honigtau auf den Blättern. Wird die Schicht schwarz, haben sich Ruß- oder Schwarzpilze angesiedelt.

Mein Tipp: Vögeln, Marienkäfer und Florfliegenlarven überlassen. Alternativ von Hand absammeln, mit einem harten Wasserstrahl abspritzen oder ein Gemisch aus 20 ml Kaliseife und 1 Liter Wasser sprühen – auch die Blattunterseiten!
Zur Stärkung Pflanzen-Brühen spritzen.

3

4

5

3. Spinnmilben an einer Blattunterseite.

4. Trauermücken

5. Weiße Fliege

Raupen

Durchlöcherte oder angeknabberte Blätter, gepaart mit winzigen schwarzen Kotkrümeln deuten in den Sommermonaten auf Raupen hin. Gerade der Kohlweißling lässt sich gern auf Kohlgewächsen nieder. Seine Raupen fressen in kurzer Zeit eine Pflanze ratzekahl.
Mein Tipp: Pflanzen mit feinmaschigen Netzen schützen, die Eier an den Blättern abstreifen. Raupen den Vögeln überlassen, absammeln oder umsiedeln.

Spinnmilben

Spinnmilben sind mit bloßem Auge kaum zu erkennen. Ähnlich wie Blattläuse saugen die Spinnentiere an der Blattunterseite Pflanzensaft, bis die Blätter sich gelblich färben, welken und abfallen. Feine Gespinste deuten auf einen Befall hin.

Mein Tipp: Stark befallene Blätter entsorgen, die Pflanze mit einer Mischung aus Wasser und Rapsöl spritzen. Regelmäßig stärkende Brühen sprühen.

Trauermücken

Die winzigen schwarzen Trauermücken umschwirren Pflanzen, das Problem liegt jedoch in der feuchten Erde. Dorthin legt das Weibchen Dutzende Eier. Und die weißen, hungrigen Larven fressen alles, was pflanzlich ist – notfalls auch Wurzeln.
Mein Tipp: Erde austrocknen lassen oder austauschen. Pflanzen nicht übermäßig gießen. Keine befallene Erde verwenden.

Schnecken

Silbrig-glänzende Schleimspuren und angeknabberte Blätter und Früchte können auf Schnecken hindeuten.

Mein Tipp: Weichtiere absammeln und umsiedeln. Gekaufte Pflanzen vor dem Setzen auf Schnecken hin prüfen.

Vögel

Amsel, Meise & Co bedienen sich gern ungefragt an frisch gesätem Saatgut, jungem Gemüse und reifen Früchten – erkennbar an aufgewühlter Erde, Löchern in Blättern und Früchten.
Mein Tipp: Feinmaschige Schutznetze verwenden.

Weiße Fliege

Die Weiße Fliege gehört zur Familie der Blattläuse und schädigt Pflanzen auf dieselbe Weise. Sie ist vor allem im Gewächshaus ein Problem. Hinweise auf einen Befall liefern gelbe Sprenkel auf den grünen Blättern.
Mein Tipp: Nützlinge fördern, insbesondere Schlupfwespen.

1

2

3

1. Grauschimmel macht Früchte ungenießbar.

2. Echter Mehltau: Die Pilzkrankheit schädigt die Blätter.

3. Braunfäule befällt Tomaten und Kartoffeln, daher weit auseinandersetzen!

SMARTE HILFE

Bei der Bestimmung und Behandlung von Krankheiten und Schädlingsbefall können Apps helfen. Eine kompetente und meist kostenlose Beratung bieten Gartenakademien am Gartentelefon.

PFLANZENKRANKHEITEN

Viele Pflanzenkrankheiten werden durch Pilze verursacht. Gerade an feucht-warmen Tagen verbreiten sie sich schnell – entweder über die Luft, verunreinigte Gartengeräte, bei der Pflanzenpflege oder durch saugende Insekten wie Blattläuse.

Grauschimmel

Grauschimmel erkennt ihr an einem grau-grünen, samtigen Belag, der bei geschwächten Pflanzen Blätter, Früchte und Triebe überzieht. Der Pilz breitet sich rasch bei stehender, feucht-warmer Luft aus. Entfernt daher rasch befallene Pflanzenteile und entsorgt sie im Restmüll.
Mein Tipp: Pflanzen mit ausreichend Abstand setzen. Nicht übertrieben gießen und düngen. Erdbeeren mit Stroh mulchen. Stärkende Pflanzen-Brühe spritzen.

Kraut- und Braunfäule

Wenn sich Blätter von Tomate oder Kartoffel von der Spitze und dem Rand her grau-grün bis braun färben und einen gelben Rand bekommen, könnte es sich um Kraut- und Braunfäule handeln. Die Früchte sind ebenfalls betroffen: Die Tomaten bekommen braune Stellen und werden ungenießbar.
Mein Tipp: Tomaten überdachen und nicht über die Blätter gießen. Abstand einhalten und untere Tomatenblätter entfernen. Pflanzen-Brühe spritzen.

Mehltau

Echter Mehltau bildet auf den Blattoberseiten einen weißen, mehligen Belag, der sich leicht abwischen lässt. Er kann auch Stängel und Früchte bedecken. Der Schönwetterpilz macht seinem Namen alle Ehre und tritt meist im Sommer auf, wenn auf Sonne plötzlich Regen folgt.
Mein Tipp: Pflanzen nicht zu dicht stellen. Regelmäßig Ackerschachtelhalm-Brühe oder eine Mischung aus Milch und Wasser spritzen.

ACKERSCHACHTELHALM-BRÜHE

Eine Brühe aus Ackerschachtelhalm stärkt die Pflanzen und macht sie widerstandsfähiger gegen Pilzkrankheiten und saugende Insekten wie Blattläuse. Auch Brühen aus Brennnesseln, Efeu und Rainfarn könnt ihr auf diese Weise herstellen.

1.

1 kg frische, grüne Ackerschachtelhalm-Triebe oder 100 g getrockneten Schachtelhalm sammeln und zerkleinern.

2.

Mit 10 Litern weichem Wasser oder Regenwasser aufgießen. Den Behälter abdecken, den Aufguss maximal 24 Stunden stehen lassen.

3.

Die Brühe etwa eine halbe Stunde lang auf dem Herd köcheln. So lösen sich die Inhaltsstoffe aus den Pflanzenteilen, insbesondere die Kieselsäure. Bei anderen Brühen ist Kochen nicht notwendig. Den Sud abkühlen lassen und durch ein Sieb abgießen. Die Pflanzenreste als Mulch verwenden.

4.

Die Brühe im Verhältnis 1:10 mit Wasser verdünnen und sie an leicht bedeckten Tagen morgens direkt auf die Blätter aufsprühen. Ackerschachtelhalm-Brühe wirkt am besten, wenn man sie regelmäßig anwendet. Daher ab dem Frühjahr alle ein bis zwei Wochen spritzen, bei akutem Befall mehrmals pro Woche.

Schutz in der kalten Jahreszeit

Im Herbst werden die Tage kürzer, die Nächte kühler und auf dem Balkon legt sich so manche Pflanze zu Ruhe – für immer, oder um Kraft für die neue Saison zu tanken.

Schnee, Eis und Frost waren in den vergangenen Jahren eher selten. Zuletzt konnte ich auf dem Balkon fast komplett auf den Winterschutz verzichten und sogar frostempfindliche Pflanzen draußen stehen lassen. In der Großstadt wird es grundsätzlich nicht so kalt wie auf dem Land, und auf einem geschützten Balkon ist der Wind nicht so schneidend kalt.
Übermütig sollten wir dennoch nicht werden. Schon eine Nacht kann unsere Pflanzen eiskalt erwischen – und dann sind sie im schlimmsten Fall hinüber.

FROST SCHÄDIGT WURZELN

Anders als der Gartenboden isolieren die dünnen Kisten- und Kübelwände die Wurzeln kaum. Werden sie durch Kälte geschädigt, kann die Pflanze sterben. Daher gilt: Spätestens ab Oktober immer einen Blick auf das Thermometer haben. Sobald die Temperaturen nachts unter 5 °C sinken, ist es an der Zeit, die kälteempfindlichen Gewächse wie Duftgeranien, Goldmarie, Rosmarin, Staudenbasilikum und Zitronenverbene nach drinnen zu holen; Etagenzwiebel, Herbst-Astern, Oregano, Salbei, Thymian, Schnittknoblauch, Erdbeeren und Obststräucher sowie andere Draußenbleiber bei Bedarf zu schützen.

DRINNEN ÜBERWINTERN

Eine mollig-warme Wohnung ist für frostempfindliche Gewächse nicht geeignet. Die Heizung ermöglicht zwar sommerliche Temperaturen. Die Wintersonne schaut aber zu selten auf der Fensterbank vorbei. Die Folge: Die Pflanzen bilden dünne, schwächliche Triebe, an denen sich Läuse laben.
In einem hellen Flur oder Keller sind die Stubenhocker besser aufgehoben, bei kühlen 5 bis 10 °C. Wichtig: Kontrolliert die Pflanzen vor ihrem Umzug, damit sich im Winterquartier keine Krankheiten und Schädlinge ausbreiten. Bei einigen Gewächsen ist ein Rückschnitt sinnvoll. Ab und zu mäßig gießen, damit der Wurzelballen nicht austrocknet.

1

1. Tannenzweige schützen Pflanzen vor Frost.

2. Alte Wolldecken isolieren die Wurzeln.

3. Stellt kleine Töpfe in ein großes Gefäß und füllt die Lücken mit Laub.

2

3

DRAUSSEN ÜBERWINTERN

Die winterharten Pflanzen können das ganze Jahr über draußen auf dem Balkon bleiben. Wenn möglich, die frostharten Töpfe, Kübel und Kisten in eine windgeschützte, leicht schattige Ecke an der Wand platzieren und an frostfreien Tagen ab und zu etwas gießen.

Droht Frost, gilt es die Wurzeln zu schützen: Entfernt den Untersetzer und stellt das Gefäß auf ein Holzbrett oder eine ausrangierte Yogamatte. Die Erdoberfläche mit Fichtenzweigen oder Filzscheiben abdecken, falls ihr nicht mulcht. Umwickelt den Kübel oder Kasten mehrfach mit Jute, Filz, Wollvlies, alten Decken oder Handtüchern, um ihn zu isolieren. Kleine Töpfe könnt ihr in größere Gefäße stellen und den Zwischenraum mit Laub und Tannenzweigen füllen. Auf diese Weise lässt sich der abgeschmückte Bio-Weihnachtsbaum zu einem nachhaltigen, organischen Kälteschutz upcyceln.

Die oberirdischen Pflanzenteile werden mit alten Bettlaken, leichtem Wollvlies, Sackleinen oder Nadelzweigen vor schneidendem Wind geschützt. In wirklich eiskalten Nächten könnt ihr die Pflanzen kurzfristig im Flur übernachten lassen – bei entsprechenden Temperaturen jedoch wieder nach draußen stellen! Den Winterschutz entfernen, sobald es wieder wärmer ist.

WENIGER IST MEHR

Und was ist mit dem Rest des Balkons? In abgeerntete Kästen könnt ihr im Herbst Gründüngung säen, die nach dem ersten Frost die Erde schützt (Seite 58). Oder ihr verlängert die Saison: Feldsalat, Radieschen, Spinat und andere Gemüse wachsen auch in der zweiten Jahreshälfte und lassen sich im Winter ernten (Seite 74).

Schneidet Stauden und Gehölze erst im Frühjahr zurück und lasst einjährige Pflanzen stehen. Tragen sie Samen, freuen sich die Vögel über Futter. Unter vertrockneten Blättern verkriechen sich allerlei Insekten und träumen dort womöglich von der nächsten Balkongarten-Saison – wenn die hungrigen Piepmätze sie nicht aufstöbern.

GEMÜSE

UND OBST

SYMBOLE

- sonniger Standort
- halbschattiger Standort
- schattiger Standort
- pflegeleicht
- einjährige Kultivierung
- zweijährige Kultivierung
- mehrjährige Kultivierung
- Schwachzehrer
- Mittelzehrer
- Starkzehrer
- insektenfreundlich
- vogelfreundlich
- Überwinterung im Haus
- Überwinterung auf dem Balkon

12 LOHNENSWERTE BALKONGEMÜSE

Gemüse lässt sich ohne Probleme in großen Kübeln und Kisten auf dem Balkon anbauen. Diese Gemüsepflanzen lohnen sich – weil sie besonders ertragreich sind, außergewöhnliche Sorten bieten und einfach mega-lecker schmecken.

DICKE BOHNE Kälteresistente Frühaufsteherin unter den Hülsenfrüchten. Die Kerne reifen in samtigen Hülsen.

CHILI Variantenreiche Scharfmacher, die im Topf gut gedeihen.

ETAGENZWIEBEL Leider selten gewordene alte Sorte, die auf außergewöhnliche Weise vagabundiert.

GARTENMELDE Allein schon wegen der roten Blätter lohnt der Anbau des pflegeleichten Spanischen Spinats.

KARTOFFEL Verblüfft mit blau-violetten und rötlichen Knollen. Gelingt gut in großen Kübeln.

KOHLRABI Schnelles Balkongemüse. Die jungen Blätter sind ein Genuss – und angeblich gesünder als die Knolle!

MANGOLD Sorten mit leuchtend bunten Stängeln sind eine Zierde für jeden Kübel.

RADIESCHEN Leicht und schnell zu kultivieren – und in jedem Stadium essbar.

WILDE RAUKE Robustes und unermüdliches Grün, das für Pepp im Salat, im Dip und auf dem Brot sorgt.

SALAT Spannende Sorten, die – Blatt für Blatt gepflückt – mehrmals nachwachsen.

TOMATE Ein Muss im Balkongarten! Die Sortenvielfalt ist einfach unglaublich (und) lecker.

ZUCCHINI Äußerst produktiv. Wer von den Früchten genug hat, kann die Blüten kosten.

Rettet die Sortenvielfalt!

Selbst gezogenes Gemüse schmeckt oft besser als gekauftes: Wir können Varianten ziehen, bei denen das Aroma die Hauptrolle spielt. Es gibt aber noch weitere gute Gründe, ungewöhnliche Sorten auszuprobieren.

Tomaten sind rot, Kartoffeln blassgelb und Bohnen grün – das stand für mich lange Zeit außer Frage. Doch mit dem Balkongarten wächst die Erkenntnis: Es gibt mehr Sorten an Bohnen, Kartoffeln und Tomaten, als ich je zu träumen wagte.

GENETISCHE VIELFALT

Dass wir im Supermarkt nur bestimmte Sorten von Obst und Gemüse kaufen können, hängt mit den Ansprüchen von Handel und einer industriell arbeitenden Landwirtschaft zusammen: Sie baut nur an, was sich zu einem bestimmten Zeitpunkt in großen Mengen ernten, für längere Zeit lagern und unkompliziert transportieren lässt.
Doch mit diesen Auswahlkriterien geht uns nicht nur Geschmack, sondern der Natur auch genetische Vielfalt verloren. Initiativen und Vereine wie VEN, VERN und Arche Noah erhalten daher mit ihrer Arbeit Sorten, die für die Agrarindustrie unrentabel geworden sind und zu verschwinden drohen. Indem wir sie anbauen, tragen wir zum Erhalt von Vielfalt bei.

ALTE SORTEN

Unrentable Pflanzen werden oft als „alte Sorte“ oder „Traditionssorte“ vermarktet. Alter und Tradition sind jedoch relativ und kein Garant für Natürlichkeit: Die Traditionssorte 'Harzfeuer‘ beispielsweise ist eine F1-Hybride.

Derzeit sind mehr als 4.300 Tomatensorten in der EU zugelassen, wie die Sorte ‘Ochsenherz.’

1. Kein Farbfehler: Die Rote Bete 'Tonda di Chioggia' ist rot-weiß geringelt.

2. Mit winterharten Pflanzen könnt ihr das ganze Jahr auf dem Balkon gärtnern.

1

2

GEMÜSE FÜR DIE WINTERERNTE

Rechtzeitig im Sommer/Herbst gesät und gesetzt, könnt ihr von bestimmten Gemüsesorten bis in den Winter hinein frisches Grün vom Balkon ernten. Ideal dafür sind zum Beispiel Asia-Salate, Feldsalat, Grünkohl, Kohlrabi, Mangold, Möhren, Radieschen, Spinat, Winterportulak und Zwiebelgrün. Schnittlauch, Petersilie, Sprossen und Microgreen gedeihen auf der warmen Zimmerfensterbank.

Tatsächlich werden Gemüsepflanzen seit jeher kultiviert, also ausgewählt und gekreuzt, um sie ertragreicher, schmackhafter oder resistenter zu machen. Über Jahrhunderte vermehrten Landwirt*innen und Gärtner*innen ihre regionale Auslese von Hand.

PATENTE UND GEMEINGUT

Heute übernehmen vor allem eine Handvoll global agierender Industrieunternehmen in ihren Laboren diese Aufgabe – und verfolgen damit ganz eigene wirtschaftliche Interessen: Selbst, wenn wir es könnten, dürfen wir dieses Saatgut nicht selbst vermehren, sondern müssen es jedes Jahr neu kaufen.
Es gibt aber auch eine Gegenbewegung: neue Sorten, auf die kein Patent angemeldet wird. Die Tomate 'Sunviva' ist ein Beispiel für solches Gemeingut: Als Sorte mit Open-Source-Lizenz dürfen alle sie kostenlos vermehren.

JAHRESZEITLICHE SORTEN

Mit Sortenvielfalt holen wir uns nicht nur außergewöhnlich aussehendes oder schmeckendes Gemüse auf den Balkon. Die Sorte kann auch Einfluss auf den Anbau haben. Bei Kartoffeln, Möhren und Kohlrabi zum Beispiel gibt es frühe, mittelfrühe und späte Varianten: Die Karotten 'Pariser Markt' und 'Duwicker Streit' sind schon ab Mai reif, die 'Robila' erst ab August. Der Kohlrabi 'Blaro' wiederum gilt als frostfest. Wenn wir also darauf achten, wie schnell Gemüse reifen oder wie winterhart sie sind, können wir unseren Balkongarten optimal durch die Jahreszeiten nutzen.

KISTEN BEPFLANZEN

Bäcker-, Wein- und Obstkisten lassen sich mit wenig Aufwand in kleine Gemüsebeete verwandeln.

1.

Kiste mit Zeitungspapier, Jute, alten ungefärbten Bettlaken oder Geschirrhandtüchern aus Bio-Baumwolle auslegen. Die Auslage am Rand etwas überstehen lassen. Drainage aus Blähton einfüllen.

2.

Jetzt wahlweise mit Sackleinen, Wollvlies oder Baumwollstoff abdecken. Dank der Trennschicht könnt ihr die Erde später leichter austauschen.

3.

Erde bei Bedarf mit Sand mischen und die Kiste mindestens zu drei Vierteln damit füllen. Für Starkzehrer auf halber Höhe Langzeitdünger untermischen.

4.

Die Pflanzen vor dem Umpflanzen gut wässern oder den Topf in Wasser tauchen. Vor dem Einpflanzen abgestorbene Pflanzenteile entfernen und verdichtete Wurzelballen lockern. Die Pflanze so tief setzen, wie sie vorher im Topf stand. Ausnahme: Kohlrabi und Salat etwas höher.

Mein Tipp: Wenn ihr Tomaten pflanzt, immer das untere Blattpaar entfernen, damit die Braunfäule nicht gleich überspringen kann.

5.

Die Kiste mit Erde und die Olla für Eilige mit Wasser füllen. Abschließend die fertige Bepflanzung gut angießen.

BOHNEN

— Schmetterlingsblütler

WUCHS & ERDE Feuerbohnen und Stangenbohnen wie 'Blauhilde' und 'Neckarkönigin' eignen sich mit einer Länge von 2,50 m und mehr gut als Sichtschutz. 'Pergousa', 'Purple Teepee' und andere Buschbohnen bleiben mit bis zu 60 cm Höhe kompakt. Frische Pflanzenerde verwenden oder leicht gedüngte aus dem Vorjahr. Warmer, geschützter Standort.

AUSSAAT Bohnen ab April vorziehen, ab Mitte Mai direkt aussäen: vier Samen pro Kiste oder Kübel, 3 cm tief. Keimen alle Samen, die Pflanzen auf zwei vereinzeln.

PFLEGE Bohnen anhäufeln, sobald sie handhoch sind. Stangenbohnen brauchen eine Rankhilfe. Regelmäßig gießen und mulchen. Stickstoffsammler, düngen ist daher eigentlich nicht notwendig. Bei Jungpflanzen auf Blattläuse achten.

ERNTE Bohnen sind zwei bis drei Monate nach der Aussaat reif. Regelmäßig von Hand pflücken, wenn die Schoten beim Biegen glatt durchbrechen. Roh sind sie giftig, nur gekocht verzehren.

DICKE BOHNE

— Schmetterlingsblütler

WUCHS & ERDE Dicke Bohnen *(Vicia faba)* gehören zum ersten Gemüse, das wir im neuen Jahr direkt säen können. In frisches Substrat oder gebrauchte Erde pflanzen, angereichert mit Feinkompost und organischem Dünger. Standort eher kühl. Unempfindlich gegenüber leichtem Frost. Außergewöhnliche Sorten: 'Grootbohnen', 'Crimson Flowered'.

AUSSAAT Dicke Bohnen vor der Aussaat einen Tag lang in Wasser einweichen. Von Februar bis April säen. Je nach Sorte 5 bis 10 cm tief legen. Maximal zwei Pflanzen pro Kiste, um Pilzkrankheiten zu vermeiden. Ab August als Nachfrucht nutzen.

PFLEGE Erde gut feucht halten, vor allem ab der Blüte. Handhohe Pflanzen anhäufeln und mit einer Rankhilfe stützen. Stickstoffsammler. Späte Aussaaten haben tendenziell mehr Läuse: Junge Triebspitzen ausbrechen, sobald die Hülsen reifen.

ERNTE Ab Juni reifen die Hülsen nacheinander von unten nach oben ab. Junge Schoten pflücken und die Körner aus den Hülsen pulen. Nur gekocht verzehren!

ETAGENZWIEBEL

— Lauchgewächse

WUCHS & ERDE Die Etagenzwiebel oder Luftzwiebel *(Allium cepa var. proliferum)* ist eine alte Sorte. Und ein botanisches Kuriosum: Statt einer Blüte bildet sie am Ende ihres Stängels Brutzwiebeln, die ihrerseits wieder austreiben und neue Zwiebeln bilden – solange, bis die Pflanze umknickt und die Luftzwiebeln in der Erde wurzeln. Den Namen Ewige Zwiebel verdankt sie auch ihrer Winterhärte. Sonniger, eher kühler Standort. Frische Pflanzenerde, gute Drainage.

PFLANZUNG Im Frühjahr und Herbst pflanzen. Die jungen Zwiebeln im Abstand von 10 cm stecken, die Spitze muss noch herausschauen. Vermehrung über Brutzwiebeln und Teilung.

PFLEGE Luftzwiebeln sind genügsam und robust. Regelmäßig gießen und mäßig düngen. Alle drei Jahre teilen und versetzen.

ERNTE Das frische Zwiebelgrün das ganze Jahr hindurch mit einem scharfen Messer schneiden. Auch die Brut- und Mutterzwiebeln sind essbar.

FELDSALAT

— Baldriangewächse

WUCHS & ERDE Der robuste Klassiker unter den Wintersalaten mit einem herrlichen nussigen Aroma. Wächst in etwa 10 cm großen Rosetten mit spatelförmigen Blättern. Einige Pflanzen im Frühjahr blühen lassen. Die winzigen weißen Blüten sind wunderschön. Feldsalat eignet sich für alle Pflanzen zur Nachfrucht, er wächst auch in lockerer, gebrauchter Erde.

AUSSAAT Feldsalat gedeiht auf kühlen Balkonen das ganze Jahr über. Ansonsten von August bis Januar in einer Reihe oder breitwürfig im Kasten aussäen. Samen mit etwa 1 bis 2 cm Erde bedecken. Nach dem Auflaufen ausdünnen, um Mehltau vorzubeugen.

PFLEGE Erde regelmäßig lockern. Gleichmäßig feucht halten. Ansonsten anspruchslos. Bei Frost abdecken. Manche Sorten bekommen sonst matschige Blätter.

ERNTE Feldsalat von Oktober bis März an einem frostfreien Tag blattweise pflücken oder die Rosetten komplett mit einem scharfen Messer abschneiden. Zeitnah verzehren.

KARTOFFEL

— Nachtschattengewächse

WUCHS & ERDE Kartoffeln am besten in großen Kübeln oder Säcken anbauen. Frisches, mit Langzeitdünger versorgtes Substrat verwenden. Warmer Standort. Ungewöhnliche Sorten: 'Blauer Schwede', 'Highland Burgundy Red', 'Bamberger Hörnla', 'Heiderot'.

PFLANZUNG Frühe Sorten ab Ende März setzen, spätere ab Mitte April beziehungsweise Mai. Mein Tipp: Kartoffeln etwa drei Wochen vorkeimen, sie sind robuster gegenüber Krankheiten. Eine Saatknolle pro 10 Liter Erde. Behälter maximal halb mit Erde füllen, Knolle mit den Keimen nach oben einsetzen, etwa 5 cm tief.

PFLEGE Regelmäßig gießen, bei Bedarf düngen. Starkzehrer. In feuchten Sommern auf Pilzkrankheiten achten. Triebe immer wieder mit Erde bedecken (anhäufeln), damit sie nicht grün und ungenießbar werden.

ERNTE Je nach Sorte ab Juni. Späte Kartoffeln sind reif, wenn das Laub abgestorben ist. Sofort ernten und verzehren oder für die Lagerung zwei weitere Wochen in leicht feuchter Erde belassen.

KOHLRABI

— Kreuzblütler

WUCHS & ERDE Frische Kohlrabiknollen vom Balkon sind ein Genuss – und die jungen Blätter erst! Am besten in frische, durchlässige Pflanzenerde setzen. Geschützter, nicht allzu heißer Standort. Blüht im zweiten Jahr – ein Bienenmagnet! Der weiße 'Superschmelz' ist ein Klassiker. Für Farbe sorgen blau-violette Sorten.

AUSSAAT & PFLANZUNG Frühe Sorten ab Februar drinnen 1 cm tief aussäen und vorziehen. Direktsaat von März bis Ende Juli. Jungpflanzen ab März in Kisten und Töpfe setzen. Nicht zu tief, sonst entwickelt sich die Knolle schlecht oder gar nicht. Maximal zwei Pflanzen pro Kiste beziehungsweise eine pro Topf.

PFLEGE Regelmäßig und gleichmäßig gießen, damit sich die Knollen optimal entwickeln. Nur bei Bedarf düngen. Mulchen. Späte Aussaaten können von Mehltau und Raupen des Kohlweißlings befallen werden. Späte Sorten vertragen leichten Frost.

ERNTE Faustgroße Knollen etwa acht Wochen nach dem Pflanzen mit einem scharfen Messer abschneiden. Bei frühen Sorten sind die Blätter genießbar.

KÜRBIS

— Kürbisgewächse

WUCHS & ERDE Speisekürbisse gibt es in vielen spannenden Arten und Sorten: Garten-Kürbisse *(Cucurbita pepo)* wie Spaghetti-Kürbis, Moschus-Kürbisse *(C. moschata)* wie Butternut und Riesen-Kürbisse *(C. maxima)* wie Hokkaido. Wachsen meist rankend und ausladend mit großen Blättern. Brauchen viel Platz und einen sonnigen, warmen Standort. In frische Erde mit Langzeitdünger pflanzen. Tragen gleichzeitig männliche und weibliche Blüten.

AUSSAAT & PFLANZUNG Ab Mitte April drinnen in einem kleinen Topf vorziehen. Je einen Samen pro Gefäß, 2 cm tief. Ab Mitte Mai in ein großes Gefäß auspflanzen oder direkt einsäen.

PFLEGE Regelmäßig und viel gießen. Als Starkzehrer zusätzlich düngen. Für größere Früchte Ranken kürzen. Mehltau kann an feuchten und schattigen Standorten auftreten.

ERNTE Kürbis mit Stiel abschneiden, wenn dieser verholzt ist. Nicht verzehren, wenn die Früchte seifig oder bitter schmecken. Blüten gelten als essbar.

MANGOLD

— Gänsefußgewächse

WUCHS & ERDE Stielmangold bringt mit seinen leuchtend weißen, gelben, roten oder orangefarbenen Stielen Farbe in die Gemüsekiste – insbesondere in der dunklen Jahreszeit! Blattmangold hat schmale Stängel, punktet aber mit Blattaroma. In frischer oder aufbereiteter Erde anbauen. Standort warm, aber nicht heiß. Blüht im zweiten Jahr.

AUSSAAT Mangold von März bis September drinnen vorziehen oder noch besser direkt aussäen – idealerweise in hohe Töpfe und Kisten, etwa 3 cm tief. Zwei Pflanzen pro Kiste, eine pro Topf, um Mehltau zu verhindern.

PFLEGE Regelmäßig gießen, ansonsten pflegeleicht. Bei Anbau in aufbereiteter Erde bei Bedarf düngen. Junge Pflanzen sind anfällig für Blattläuse. Späte Aussaaten überwintern.

ERNTE Mangold etwa zehn Wochen nach der Aussaat ernten, wenn die äußeren Blätter mindestens handhoch sind. Auf Bodenhöhe abpflücken und die inneren Blätter stehenlassen, damit die Pflanze nachwachsen kann. Winterernte möglich.

MÖHRE

— Doldenblütler

WUCHS & ERDE Kurze und runde Sorten wie 'Pariser Markt' und 'Duwicker' gedeihen prächtig im Balkonkasten. Frische oder aufgearbeitete Pflanzenerde verwenden, mit Sand gemischt für schönere Wurzelbildung. Standort hell, aber nicht heiß. Blüht im zweiten Jahr.

AUSSAAT & PFLANZUNG Von März bis Juli direkt in Blumenkästen und Kisten aussäen, etwa 2 cm tief. Keimen sehr langsam, daher mit schnellwachsenden Radieschen mischen. Nach dem Auflaufen auf einen Abstand von 5 bis 8 cm ausdünnen.

PFLEGE Regelmäßig und gleichmäßig gießen, damit die Karotten nicht aufplatzen. Mulchen. Regelmäßig jäten. Mischkultur mit Zwiebel gegen Möhrenfliege. Wichtig: Die Rübe immer vollständig mit Erde bedecken, sonst färbt sie sich grün.

ERNTE Wurzel etwa fünf Monate nach der Aussaat am grünen Laub aus der Erde ziehen. Vor dem ersten Frost ernten oder abdecken und bis in den Dezember genießen.

PAPRIKA UND CHILI

— Nachtschattengewächse

WUCHS & ERDE Beide benötigen frische, nährstoffreiche Pflanzenerde mit organischem Langzeitdünger und eine gute Drainage. Kompakte Chilisorten wie 'Mini-Chili', 'Lila Luzi' und 'Orange Lantern' gedeihen im Kasten und im Topf.

AUSSAAT & PFLANZUNG Paprika und Chili ab Februar bei Temperaturen um 25 °C auf der Fensterbank vorziehen, je nach Sorte Samen mit Erde bedecken. Ab Mitte Mai nach draußen pflanzen, tiefer in die Erde setzen.

PFLEGE Chili und Paprika brauchen einen warmen, geschützten Standort. Den Sommer über regelmäßig düngen, gießen und mulchen, sobald sie Früchte tragen. Große Pflanzen stützen. Jungpflanzen sind anfällig für Blattläuse. Vor dem ersten Frost nach drinnen holen und hell überwintern.

ERNTE Chili ab Mitte Juli ernten, wenn die Schote nicht mehr grün ist. Gemüsepaprika könnt ihr in der Regel auch grün ernten. Sie sind zwar noch unreif, aber essbar. Reife Früchte sind vollständig durchgefärbt – je nach Sorte gelb, orange oder rot.

RADIESCHEN

— Kreuzblütler

WUCHS & ERDE Turbogemüse mit klassischen roten, runden Knollen, außerdem gibt es walzenförmige Varianten wie 'French Breakfast 2' und Sorten mit weißer und gelber Schale wie 'Eiszapfen' und 'Zlata'. In frische oder gebrauchte Pflanzenerde säen. Standort sonnig, aber nicht heiß.

AUSSAAT Je nach Sorte von März bis Mitte Oktober breitwürfig oder in einer Reihe etwa 1 cm tief in den Balkonkasten säen. Nach und nach auf einen Abstand von 5 cm vereinzeln.

PFLEGE Gleichmäßig feucht halten, nicht düngen. Im Frühjahr können Radieschen von Blattläusen befallen werden. Im Herbst und Winter vor zu viel Regen schützen.

ERNTE Radieschen können in jedem Stadium geerntet werden, auch junge Blätter und Sprossen, Blüten und sogar junge Samenschoten sind essbar. Nach spätestens vier Wochen ernten, sonst werden sie holzig und blühen. Auf einem hellen, geschützten Balkon ist eine Winterernte möglich.

ROTE BETE

— Gänsefußgewächse

WUCHS & ERDE Neben Klassikern mit dunkelroter Speicherknolle gibt es auch weiße, gelbe, pink-weiß geringelte wie 'Tondo di Chioggia'. Für eine Blatternte empfiehlt sich die alte Sorte 'Non plus ultra'. Rote Bete wächst in frischer oder aufgearbeiteter Erde. Blüht im zweiten Jahr.

AUSSAAT & PFLANZUNG Von April bis Juni am besten direkt aussäen. In tiefen Töpfen und Kisten bildet Rote Bete eine Knolle, für die Blatternte reicht ein Balkonkasten. Saattiefe: 2 cm. Einige Sorten müssen vereinzelt werden: zwei Pflanzen pro Kiste, eine pro Topf. Im September für eine frühe Ernte im Folgejahr aussäen.

PFLEGE Bei frischer Erde nicht düngen, aber regelmäßig gießen. Gelegentlich können Blattläuse, Mehltau und Blattfleckenkrankheit auftreten.

ERNTE Rübe nach etwa drei Monaten ernten, wenn sie so groß wie ein Tennisball ist. Äußere Blätter fortlaufend schneiden, innere stehen lassen.

SALAT

— Korbblütler

WUCHS & ERDE Pflück- und Schnittsalate bilden Blattrosetten, die wir komplett oder Blatt für Blatt ernten können. Mein Tipp: rotbraune Sorten wie 'Red Salad Bowl' – oder bunte Mischungen säen! Frische oder gebrauchte, eventuell leicht gedüngte Pflanzenerde. Heller Standort, keine Hitze.

AUSSAAT & PFLANZUNG Je nach Sorte ab Februar vorziehen oder von März bis September direkt aussäen. Samen mit wenig Erde bedecken. In den ersten 12 Stunden kühl stellen, um die Keimhemmung aufzuheben. Jungpflanzen mit Blattansatz über der Erde setzen: Zwei bis drei Exemplare pro Kiste und Balkonkasten. Mit Vlies vor Nachtfrösten schützen.

PFLEGE Gut feucht halten, damit Blätter weich und zart bleiben. Geht bei Hitze und Trockenheit schnell in Blüte.

ERNTE Die äußeren Blätter blattweise von Hand pflücken, wenn sie etwa 10 cm lang sind. Herzblätter stehen lassen, damit der Salat nachwächst. Winterernte möglich.

SPANISCHER SPINAT

— Gänsefußgewächse

WUCHS & ERDE Der Spanische Spinat, auch Gartenmelde genannt, ist ein altes Blattgemüse, das vom Echten Spinat aus dem Garten verdrängt wurde. Sehr schade, denn gerade Sorten mit roten lanzettförmigen Blättern wie 'Vollrot', 'Rote Lebeda' und 'Rot-gestreifte' sorgen für Farbtupfer im Grünen. Sie können an die 1,50 m hoch werden. Ab Juli entwickeln sich unscheinbare Blütenähren. Normale oder aufbereitete Pflanzenerde, nicht zu heißer Standort.

AUSSAAT Gartenmelde ab März alle vier Wochen frisch aussäen – das verlängert die Erntezeit. Die Samen leicht mit Erde bedecken, auf 10 cm Abstand vereinzeln. Sät sich selbst aus.

PFLEGE Gleichmäßig feucht halten, damit die Blätter zart bleiben. Ansonsten pflegeleicht und robust.

ERNTE Vor der Blütenbildung junge Blätter und Triebspitzen schneiden. Die unteren Blätter stehen lassen, dann treibt die Gartenmelde wieder frisch durch. Zeitnah verwenden, da die Blätter schnell welken.

TOMATE

— Nachtschattengewächse

WUCHS & ERDE Tomaten gehören in jeden Balkongarten! Die Auswahl an Sorten ist riesengroß: Es gibt kleine, robuste Wild- und Kirschtomaten wie 'Golden Currant' und 'Rote Murmel', birnenförmige Cocktailtomaten wie 'Sibirisches Birnchen' und Salattomaten in Rot, Gelb, Grün und Violett, uni oder zweifarbig gestreift. Mein Tipp: die gelb-grüne 'Green Zebra'. Für den Anbau in Kübel und Kiste sind kompakt wachsende Buschtomaten mit vielen kleinen Früchten ideal. Ampeltomaten wie 'Tumbling Tom' eignen sich für hängende Gefäße. Geschützter, sonnig-warmer und luftiger Standort. In frische, mit Langzeitdünger versorgte Erde setzen.

AUSSAAT & PFLANZUNG Tomaten von Ende März bis Mitte April bei Temperaturen um 20 °C vorziehen. Samen in Pflanzschalen etwa einen halben Zentimeter tief aussäen. Nach der Keimung etwas kühler stellen. Nach dem Pikieren bis zu den Keimblättern in kleine Töpfe mit Pflanzenerde setzen. Ab Mitte Mai nach draußen pflanzen, erneut tief setzen. Frostempfindlich.

PFLEGE Regelmäßig gut wässern, direkt an der Wurzel. Starkzehrer, bei Bedarf düngen. Große Pflanzen hochbinden, damit sie nicht abknicken. Bei Stabtomaten und Pflanzen mit viel Laub kleine Triebe aus den Blattachseln entfernen (entgeizen). Gesunde Blätter und Triebe zum Mulchen verwenden. Bei zu viel Luftfeuchtigkeit auf Mehltau, Kraut- und Braunfäule achten und untere Blätter entfernen, damit die Luft besser zirkulieren kann.

ERNTE Reife Tomaten nach dem Farbumschlag pflücken. Unreife Früchte abschneiden, sobald die Temperaturen im Herbst unter 10 °C fallen, und bei Zimmertemperatur nachreifen lassen.

Geiztriebe früh ausbrechen

Lieblingstomate: 'Sibirische Birnchen'

WILDE RAUKE

— Kreuzblütler

WUCHS & ERDE Die Wilde Rauke *(Diplotaxis tenuifolia)* ist nahezu unverwüstlich. Je trockener der Standort, desto schärfer schmecken die schmalen, stark gezackten Blätter. Bienenweide mit gelben Blüten. Normale Erde, warmer Standort.

AUSSAAT Von März bis September direkt aussäen, auf 15 cm vereinzeln. Sommeraussaat im Halbschatten.

PFLEGE Regelmäßig gießen, nicht düngen. Spitze auskneifen, um Blüte zu verhindern. Robust.

ERNTE Blatt für Blatt schneiden, etwa vier bis sechs Wochen nach der Aussaat. Winterernte möglich.

ZUCCHINI

— Kürbisgewächse

WUCHS & ERDE Braucht viel Platz, aber eine Pflanze reicht auch – sonst droht die berühmte Zucchini-Schwemme! Möglichst warmer Standort. Frostempfindlich. Frische Erde mit Langzeitdünger.

AUSSAAT & PFLANZUNG Ab April in Töpfen vorziehen, Saattiefe 3 cm. Nach den Eisheiligen in ein großes Gefäß pflanzen. Direktsaat von Mitte Mai bis Mitte Juni.

PFLEGE Viel und mit erwärmtem Wasser gießen. Mulchen. Regelmäßig düngen. Auf Blattläuse und Mehltau achten.

ERNTE 10 bis 20 cm lange Früchte ab Juli regelmäßig ernten. Bei seifigem oder bitterem Geschmack nicht verzehren. Essbare Blüte.

ZUCKERERBSE

— Schmetterlingsblütler

WUCHS & ERDE So schmetterlingshaft und filigran! Zuckerschoten sind einfach zauberhaft mit ihren langen Ranktrieben und schneeweißen oder zart violetten Blüten. Luftiger, nicht heißer Standort. Wächst in frischer und gebrauchter Erde.

AUSSAAT Ab April 4 cm tief direkt aussäen, zwei bis drei Erbsen pro Kübel.

PFLEGE Regelmäßig gießen. Anhäufeln und Rankhilfe bieten. Auf Mehltau und Blattläuse achten.

ERNTE Schoten ab Juni pflücken, wenn sich die Samen unter der Schale abzeichnen. Essbare Triebe für die Winterernte nutzen.

RANKHILFE AUS WEIDEN BAUEN

An diesem Gerüst aus Weidenruten können Kletterkünstler wie Zuckerschote, Wicke, Prunkwinde und Bohne emporranken.

1.
Einen Kübel mit Pflanzenerde füllen.

2.
Acht bis zehn frisch geschnittene, etwas dickere Weidenruten kreisförmig an den inneren Rand des Kübels stecken. Sie sollten etwa 2 m lang sein. Diese Weiden bilden das Grundgerüst, an dem sich die Pflanzen festhalten.

3.
Die Ruten oben zusammennehmen, mit Draht oder einer Schnur mehrfach umwickeln und fest zusammenbinden. Für mehr Stabilität bei Bedarf im Mittelteil weitere Weideruten einflechten.

4.
Den Kübel bepflanzen oder einsäen.

8 BEERIGE OBSTSORTEN, DIE AUCH INSEKTEN SCHMECKEN*

So manches Naschobst lässt sich ohne Weiteres auf dem Balkon anbauen. Für Kübel und Balkonkasten gibt es speziell gezüchtete Sorten, die kompakt oder als Stämmchen wachsen. Heimische Beeren sind ideal, da sie selbstbefruchtend sind, hübsch blühen und mehrfach tragen. Das freut uns, die Bienen und auch so manchen Vogel, nicht nur an kalten Wintertagen.

ANDENBEERE
Die exotische Dessert-Deko in der lampionförmigen Hülle schmeckt selbst gezogen so richtig lecker.

ARONIA
Weiße Blüten, schwarze Beeren, rotes Herbstlaub: Zu jeder Jahreszeit hat dieses Wildobst etwas zu bieten.

BLAUBEERE
Kompakte Sorten können sogar Blumenkästen mit ihren Glöckchenblüten schmücken.

BROMBEERE
Ob als Sichtschutz, für Ampeln oder kompakt im Kübel: Brombeeren eignen sich in jeder Form für den Balkon.

ERDBEERE
Das wohl beliebteste Naschobst! Mit mehrfach tragenden Sorten reicht die Ernte bis in den Herbst.

HIMBEERE
Naschkatzen müssen bei herbsttragenden Sorten zwar etwas auf die Früchte warten – aber es lohnt sich.

JOHANNISBEERE
Nektarreiche Bienenweide in vielseitiger Form und Farbe.

STACHELBEERE
Der Geheimtipp für alle, die auf Süßsaures stehen. Und Kratzspuren gibt es auch fast keine mehr.

*und Vögeln meistens auch!

Naschen erlaubt: Obst für den Balkon

Die Süße eines Balkongarten-Sommers können wohl keine Früchte besser einfangen als Erdbeere, Himbeere & Co Daher: Lasst uns Obst anbauen – das freut auch Bienen und Vögel!

Frisch gepflückt von der Hand direkt in den Mund: So schmeckt Obst am besten. Sobald Erdbeeren und Himbeeren rot werden, läuft mir vor Vorfreude das Wasser im Mund zusammen. Sicherlich: Die Ernte ist oftmals überschaubar und wird leider auch nicht mehr, wenn Amsel und Meise die köstlichen Früchte entdeckt haben. Doch so eine Johannisbeere, eine Aronia oder ein kleines Apfelbäumchen machen nicht nur zur Erntezeit etwas her auf dem Balkon. Mit nektarreichen Blüten und prächtigem Herbstlaub sind heimische Arten auch in den übrigen Jahreszeiten ein Gewinn.

TIPPS ZUR AUSWAHL

Sicherlich: Eine Obstplantage wird sich auf dem Balkon kaum realisieren lassen – allein schon aus Platzmangel. Und auch die Statik dürfen wir nicht aus dem Blick verlieren. Obstgehölze brauchen in der Regel große Kübel. Doch wie trifft man da eine Wahl – von Standort und persönlicher Vorliebe mal abgesehen?

Selbst- und Fremdbestäuber

Ich liebe Birnen. Doch an einem Birnbaum allein würde ich wahrscheinlich nicht viel Freude haben. Denn die meisten Birnen und Äpfel benötigen die Pollen eines anderen Baumes, damit aus den Blüten Früchte werden. Und wenn in unmittelbarer Umgebung keine weitere Birne steht, blüht das Bäumchen vielleicht hübsch – aber mehr auch nicht. Achtet also bei Fremdbestäubern darauf, dass in eurer Nachbarschaft noch weitere Exemplare wachsen, wenn ihr das Pendant dazu nicht auf dem Balkon unterbringen könnt. Oder entscheidet euch gleich für selbstbestäubendes Beerenobst.

Doppeltes Apfelglück an einem Holz.

Lust auf Himbeeren? Beerenobst lässt sich einfach im Kübel ziehen.

Oder doch lieber Äpfel? Säulenbäume brauchen wenig Platz. Setzt die Bäumchen am besten im Frühjahr in gedüngte Erde.

ENTSCHEIDUNGSHILFE: BALKONOBST

- Standort
- persönliche Vorliebe
- Selbstbefruchter
- schnitt- und pflegeleicht
- lange Erntezeit
- Bienenweide/ schöne Optik
- platzsparende Sorte

SCHNITT

Ein weiterer, nicht zu vernachlässigender Aspekt ist die Pflege. Kälteempfindliche, exotische Pflanzen wie die Andenbeere müssen drinnen überwintern. Obstbäume und Sträucher brauchen regelmäßig einen Schnitt, damit sie viele Jahre lang gesund und fruchtbar bleiben. Bei Spalierobst, Brombeeren und einigen Himbeersorten ist er in der Regel jedes Jahr fällig. Einer Heidelbeere hingegen müssen wir erst nach ein paar Jahren mit der Schere zu Laube rücken.

FORM

Auch sonst kann ein klassischer Obstbaum mit ausladender Krone oder ein üppiger Strauch einem schnell über den Kopf wachsen. Spezielle Balkon-Züchtungen können daher eine kluge Wahl sein: schmale, am Spalier gezogene Apfelbäumchen, Obst in Säulenform oder kompakt wachsende Beerensträucher. Blaubeeren beispielsweise gibt es inzwischen sogar im Mini-Format für den Blumenkasten.

OBSTGEHÖLZE PFLANZEN UND PFLEGEN

Wurzelnackte Gehölze ohne Topf werden grundsätzlich in den kalten Monaten gesetzt. Topfpflanzen könnt ihr theoretisch das ganze Jahr über pflanzen. Als Pflanzzeit empfehlenswert ist aber das zeitige Frühjahr. Das Gefäß sollte im Durchmesser mindestens zwei Handbreit breiter sein als der Wurzelballen, nach unten hin etwa eine halbe Handbreit tiefer für die Drainageschicht. Terrakottaware gilt für Kübelobst als ideal, ist als Neuware in der nötigen Größe leider nicht ganz billig, dazu schwer und nicht immer frosthart. Alternativ bieten sich Weinkisten und gebrauchte Kunststoffkübel an.
Gute Pflanzenerde mit Sand gemischt ist in der Regel ausreichend. Für Gehölze, die einen sauren Boden brauchen, gibt es inzwischen torffreie Bio-Rhododendronerde. Bei Stämmchen und Säulenzüchtungen sorgen Holzstäbe und -stützen für Stabilität. Kletternde Sorten brauchen Gitter oder Schnüre als Rankhilfe (Seite 85).
Verwendet zum Düngen im Frühjahr und Juni organischen Beerendünger, er ist besser auf den Nährstoffbedarf abgestimmt. Eine Mulchschicht ist ebenfalls empfehlenswert – bei sauerliebenden Gehölzen könnt ihr dafür das Tannengrün vom Bio-Weihnachtsbaum nutzen. Nach spätestens drei Jahren ist es ratsam, die Pflanzen umzutopfen – auch weil die Erde dann ausgelaugt ist.

ERDBEEREN VERMEHREN

Erdbeeren tragen etwa drei Jahre lang gut. Danach ist es an der Zeit, sie im August auszutauschen. Neue Pflanzen müsst ihr nicht kaufen: Erdbeeren lassen sich über Ausläufer vermehren.

1.
Gesunde, gut tragende Erdbeerpflanzen auswählen, von denen Ableger genommen werden sollen, und sie markieren. In der Regel bilden Erdbeeren Ausläufer oder Kindel, nachdem die Früchte ausgereift sind. Einen kleinen Blumentopf mit Erde füllen und so unter den kräftigen Ausläufer stellen, dass er Kontakt zur Erde hat und darin wurzeln kann. Auf einem windigen Balkon das Pflänzchen auf der Erde fixieren, zum Beispiel mit einer umgedrehten Wäscheklammer.

2.
Hat die junge Erdbeere Wurzeln und neue Blätter gebildet, kann man sie von der Mutterpflanze trennen. Nachfolgende Triebe und Ableger hinter dem Ausläufer abschneiden. Sie rauben der Mutterpflanze sonst unnötig Kraft.

3.
Im August in einen größeren Topf umsetzen und gut angießen.

Tipp: Vermehrung für Eilige: Im Spätsommer die Kindel mit einem scharfen Messer von der Mutterpflanze trennen und sie in einen Balkonkasten mit frischer Pflanzenerde setzen.

ANDENBEERE

— Nachtschattengewächse

WUCHS & ERDE Die runden gelb- bis orangefarbenen Früchte der Andenbeere *(Physalis peruviana)* schmecken selbst gezogen am besten. Sie kann im Kübel bis zu 1,80 m hoch werden. Die Früchte wachsen in einer grünen lampionartigen Hülle heran, die zur Reife trocknet. Windgeschützt in Pflanzenerde mit Langzeitdünger setzen.

PFLANZUNG Frühzeitig im Februar auf der Fensterbank vorziehen. Die Samen etwa 1 cm tief aussäen. Die Keimzeit beträgt bei Temperaturen zwischen 20 und 25 °C etwa zwei bis drei Wochen. Pflanzen pikieren und ab Mitte Mai nach draußen pflanzen.

PFLEGE Reichlich gießen, bei Bedarf düngen. An einem Stab führen. Frostempfindlich. Hell und kühl überwintern, im Frühjahr zurückschneiden.

ERNTE Andenbeeren ab August ernten, wenn die Hülle durchgetrocknet und die Frucht voll durchgefärbt ist.

ARONIA

— Rosengewächse

WUCHS & ERDE Die Schwarze Apfelbeere *(Aronia melanocarpa)* hat in jeder Jahreszeit etwas zu bieten: Ab Mai lockt der ursprünglich aus Amerika stammende Strauch mit seinen weißen Blüten Insekten. Ab August reifen die süßsauren Beeren, bevor sich die eiförmigen Blätter herbstlich-rot färben und fallen. Mini-Sträucher wie 'Viking' oder Bäumchen wie 'Hugin' sind empfehlenswert.

PFLANZUNG Im zeitigen Frühjahr in mindestens 20 Liter fassende Kübel pflanzen. Über Ausläufer vermehren.

PFLEGE Regelmäßig gießen, im Frühjahr etwas düngen. Bei Bedarf im Frühling die Haupttriebe kürzen, sonst nur vergreistes Holz oder störende Triebe schneiden.

ERNTE Die durchgefärbten, dunkelvioletten bis schwarzen Beeren reifen von August bis Oktober und können den Winter über als Vogelfutter dienen, wenn sie nicht geerntet werden. Wegen des Blausäuregehalts in Maßen verzehren.

KULTUR-BLAUBEERE

— Heidekrautgewächse

WUCHS & ERDE Hübsche glöckchenförmige Blüten zieren die Sträucher im Mai. Die blaugrauen Früchte fallen bei Kultur-Heidelbeeren *(Vaccinium corymbosum)* in der Regel größer und süßer aus als bei Wald-Heidelbeeren *(Vaccinium myrtillus)*. Für den Kübel empfehlenswert sind kompakt wachsende Zuchtsorten wie 'Hortblue Petite' und 'Brigitta'. Wichtig: eher magere, saure Erde (pH-Wert zwischen 3,5 und 5).

PFLANZUNG Je nach Sorte im Frühjahr in große Kübel und Blumenkästen pflanzen. Über Ausläufer vermehren.

PFLEGE Äußerst genügsam und pflegeleicht. Gut feucht halten, ideal ist kalkarmes Regenwasser. Im Frühjahr düngen, mit Rindenmulch oder Tannennadeln mulchen. Nach drei Jahren das alte Fruchtholz schneiden.

ERNTE Selbstbefruchter, zwei Sorten bringen aber eine bessere Ernte. Die reifen Beeren können von Juli bis September gepflückt werden. Mehrfach ernten.

BROMBEERE

— Rosengewächse

WUCHS & ERDE Brombeeren können ganz schön übergriffig werden. Als ideal für den Kübel gelten kompakte Züchtungen wie 'Black Satin' und die 'Thornless Evergreen'. Hängende Varianten eignen sich für Ampeln, als Säulen gezogene können Sichtschutz bieten. Stachellose Sorten wie 'Loch Ness' machen das Ernten einfach. Ab Mai locken die zahlreichen Blüten Bienen an. In Pflanzenerde setzen.

AUSSAAT & PFLANZUNG Die etwas frostempfindlichen Brombeeren ab Mai in große Gefäße (mindestens 20 Liter) pflanzen und zurückschneiden. Über Ausläufer vermehren.

PFLEGE Gleichmäßig gießen und mulchen, um die Erde feucht zu halten. Ausladend wachsende Sorten mit Stäben stützen. Regelmäßig düngen. Brombeeren tragen am zweijährigen Holz. Seitentriebe von jungen Ruten im Spätsommer auf Handbreite schneiden. Im Winter gegen Frost schützen.

ERNTE Ab Juli tiefschwarz ausgereifte Beeren pflücken.

ERDBEERE

— Rosengewächse

WUCHS & ERDE Mit ihren weißen oder rosafarbenen Blüten und dem schmucken dunkelgrünen Laub sind sie neben den Früchten auch eine Zierde für den Balkon. Monatserdbeeren blühen und tragen gleichzeitig bis in den Herbst noch Früchte. In frische Pflanzenerde setzen.

AUSSAAT & PFLANZUNG Gartenerdbeeren von Juli bis September pflanzen, damit sie im folgenden Jahr Früchte bringen. Monatserdbeeren können ab Februar ausgesät werden (Lichtkeimer). Von April bis Mai so pflanzen, dass das Herz knapp über der Erde ist.

PFLEGE Regelmäßig gießen. Früchte auf Stroh betten. Auf Pilzkrankheiten wie Grauschimmel achten. Wenn keine Ableger genommen werden, nach der Ernte alte Blätter und Ausläufer entfernen. Gartenerdbeeren nach der Ernte und im Frühjahr etwas düngen.

ERNTE Frühe Sorten sind ab Juni reif.

HIMBEERE

— Rosengewächse

WUCHS & ERDE Die Früchte gibt es inzwischen nicht nur in Himbeerrot, sondern auch in Orange. Die herbsttragende Sorte 'Autumn Bliss' und die kompakte, dornenlose 'Glen Ample' eignen sich gut für den Balkon. Sie tragen bereits an jungen Trieben Früchte. Leicht saure Pflanzenerde gilt als ideal, gute Drainage.

AUSSAAT & PFLANZUNG Im zeitigen Frühjahr in Gefäße pflanzen, die 20 Liter Erde fassen.

PFLEGE Regelmäßig gießen und mulchen, um die Erde feucht zu halten. Ausladend wachsende Sorten mit Stäben stützen. Regelmäßig düngen. Auf Pilz- und Viruskrankheiten sowie Blattläuse achten. Bei herbsttragenden Sorten im Frühjahr die Triebe knapp über dem Boden abschneiden oder einige für eine zeitige Ernte im Sommer stehen lassen.

ERNTE Herbsttragende Himbeeren reifen ab August, frühe Ernten sind ab Juni möglich.

JOHANNISBEERE

— Stachelbeergewächse

WUCHS & ERDE Wem die süß-säuerlichen Früchte nicht schmecken, den kann vielleicht ein anderes Argument überzeugen: Johannisbeeren sind ausgesprochene Bienenweiden. Für den Kübel eignen sich kompakte Sorten, schmale Säulensorten oder Stämmchen, die man hübsch unterpflanzen kann. Weiße und rote Sorten tragen am zwei- und dreijährigen Holz, schwarze bereits an jungen Ruten. In leicht saure Pflanzenerde setzen.

PFLANZUNG Im Frühjahr in große Kübel pflanzen – etwas tiefer als zuvor im Topf.

PFLEGE Gleichmäßig feucht halten und mulchen – das beugt auch dem berüchtigten Rieseln der Beeren vor. Im Frühjahr mit Beerendünger düngen. Frostempfindlich. Ältere, abgetragene Ruten im Vorfrühling zurückschneiden.

ERNTE Frühe Sorten reifen bereits ab Mitte Juni. Die Trauben als Ganzes pflücken.

STACHELBEERE

— Stachelbeergewächse

WUCHS & ERDE Stachelbeeren mögen als etwas altmodisch gelten, haben aber eine überraschende Vielfalt aufzuweisen. Die kugeligen Früchte gibt es in Grün, Gelb und Rot. Für den Kübel eignen sich Stämmchen und kleinwüchsige Sträucher wie 'Invicta', 'Captivator' und 'Hinnonmäki'. Die gefürchteten, namensgebenden Stacheln haben viele dieser Züchtungen schon fast vollständig verloren. Möglichst sonniger Standort, in leicht saure und kalkhaltige Erde pflanzen.

PFLANZUNG Stachelbeeren im Frühjahr in große Kübel mit mindestens 20 Liter Volumen pflanzen.

PFLEGE Stachelbeeren brauchen eine ähnliche Pflege wie Johannisbeeren: Gleichmäßig feucht halten und mulchen. Im Frühjahr Beerendünger geben. Frostempfindlich. Abgetragene Triebe im Vorfrühling entfernen.

ERNTE Die Beeren reifen ab Juli am zweijährigen Holz. Unreife Stachelbeeren für Marmelade verwenden.

KRÄUTER

10 KRÄUTER FÜR KÜCHE UND HAUSAPOTHEKE

Kräuter sind ideal für den Balkon, weil sie in Kübel und Kästen prächtig gedeihen und reichlich frisches Grün bieten – und das bei guter Pflege oftmals viele Jahre lang. Diese Heil- und Küchenkräuter lindern Wehwehchen, sorgen für Aroma auf unserem Teller und ernähren mit ihren Blüten fleißige Insekten.

BASILIKUM
Die grünen Blätter schmecken frisch zu Tomate, lassen sich zu Pesto verarbeiten und sogar als Tee aufbrühen. Prächtiger Hummelmagnet.

BORRETSCH
Blätter mit frischem Gurkengeschmack und zuckersüßen Blüten, die nicht nur Hummeln schmecken.

MINZE
Herrliche Aromen und viele verschiedene Sorten für Tee, Desserts, Dips und Salat. Da ist für jeden etwas dabei.

OREGANO
Das Pizza- und Pastagewürz schlechthin. Und die Blüten sind besonders aromatisch – nicht nur für Insekten!

ROSMARIN
Entfaltet sein Aroma auf dem Grill und im Backofen, in Brot und Keksen. Hummeln fliegen auf die frühen Blüten.

SALBEI
Ein vielseitiges Kraut, das in keinem Balkongarten fehlen darf. Schmeckt in Butter gedünstet zu Pasta und als wohltuender Tee.

SCHNITTLAUCH
Ein Klassiker unter den Küchenkräutern. Die von den Insekten umschwärmten Blüten sind auch für uns genießbar.

SCHNITTKNOBLAUCH
Unermüdlich und eines der ersten Kräuter im Balkongarten. Die Blüten sind fast zu schön, um sie zu essen.

THYMIAN
So viele aromatische Sorten! Seine gesunden Inhaltsstoffe lindern Husten und Magenbeschwerden. Und die Insekten lieben ihn auch.

ZITRONENMELISSE
Wirkt beruhigend und sorgt für eine erfrischende Note in Salat, Sorbet und Limonade – am besten frisch!

BASILIKUM

— Lippenblütler

WUCHS & ERDE Die weißen oder rosafarbenen Blüten des Basilikum *(Ocimum basilicum)* werden im Sommer von Hummeln umschwärmt. Frische Erde, mit Blähton gemischt. Windgeschützt und warm, keine Mittagssonne.

AUSSAAT & PFLANZUNG Ab April vorziehen. Lichtkeimer.
Ab Mitte Mai in Kübel, Balkonkasten oder direkt zu den Tomaten pflanzen, Abstand 20 cm. Direktaussaat Mitte Mai bis Ende Juli.

PFLEGE Leicht feucht halten, mäßig düngen. Entspitzen, damit er sich besser verzweigt. Auf Spinnmilben und Blattläuse achten. Frostempfindlich.

ERNTE Triebe oberhalb eines Blattpaares abknipsen.

BORRETSCH

— Raublattgewächse

WUCHS & ERDE Die Stängel und Blätter des Borretsch *(Borago officinalis)* sind borstig behaart. Die sternförmigen, blauen und pinkfarbenen Blüten schmecken zuckersüß. Windgeschützter, luftiger Standort. Am besten frische Pflanzenerde.

AUSSAAT & PFLANZUNG Direktaussaat von April bis Juli in Kübel und Kiste. 2 cm tief, 20 cm Abstand.

PFLEGE Gut feucht halten. Anfällig für Mehltau und Läuse.

ERNTE Junge, zarte Blätter für Salat und Kräuterbutter schneiden. Süße, essbare Blüten ab Mai ebenso verwenden.

LIEBSTÖCKEL

— Doldenblütler

WUCHS & ERDE Für Suppenfans ist Liebstöckel/Maggikraut unabdingbar. Dunkelgrüne, gefiederte Blätter. Blüht ab dem zweiten Jahr gelb-grün, aber unscheinbar. In frische Pflanzenerde setzen.

AUSSAAT & PFLANZUNG Ab Februar vorziehen. Lichtkeimer.
Ab April einzeln in Kübel pflanzen oder direkt aussäen.

PFLEGE Leicht feucht halten. Im Frühjahr düngen, danach bei Bedarf.

ERNTE Stängel regelmäßig bodentief schneiden, auch während der Blüte von Juli bis August.

MINZE
— Lippenblütler

WUCHS & ERDE Von Apfel bis Zitrone: Den Tee-Klassiker gibt es in verschiedenen Geschmacksrichtungen. Blüht je nach Sorte weiß, violett oder rosafarben. Bienenmagnet. Frische Erde mit Blähton gemischt.

AUSSAAT & PFLANZUNG Im März vorziehen. Jungpflanzen von April bis August allein in einen Kübel beziehungsweise Kasten setzen. Im Frühjahr teilen oder über Stecklinge vermehren.

PFLEGE Gleichmäßig feucht halten. Bei Bedarf düngen, sonst anfällig für Blattläuse und Mehltau. Breitet sich schnell aus.

ERNTE Triebe bis zum Winter ernten. Essbare Blüten.

OREGANO
— Lippenblütler

WUCHS & ERDE Klassisches Pizzagewürz mit eiförmigen Blättern und weißen bis rosafarbenen Blüten. In gebrauchte, mit zerstoßenen Eierschalen angereicherte Erde pflanzen. Warmer Standort.

AUSSAAT & PFLANZUNG Lichtkeimer. Ab März vorziehen, ab Mitte Mai in den Balkonkasten setzen. Direktsaat im Mai und Juni.

PFLEGE Mäßig gießen. Im Frühjahr zurückschneiden. Ältere Pflanzen teilen.

ERNTE Triebe komplett vor und während der Blüte von Juli bis September ernten. Essbare Blüten.

PETERSILIE
— Doldenblütler

WUCHS & ERDE Ob krause oder glatte Blätter: Etwas divenhaft sind beide Sorten der Petersilie. Eher unscheinbar sind die Blüten im zweiten Jahr von Juni bis Juli. Frische oder aufbereitete Erde. Keine pralle Sonne.

AUSSAAT & PFLANZUNG Ab Januar vorziehen. Breitwürfige Direktsaat von März bis September, auf 10 cm Abstand verziehen. Saattiefe 1 cm.

PFLEGE Feucht halten, bei Bedarf düngen. Auf Blattläuse und Mehltau achten. Findet bei Selbstaussaat den Platz, der ihr gefällt.

ERNTE Stängel vor der Blüte fortlaufend bodentief schneiden. Winterernte möglich.

ROSMARIN

— Lippenblütler

WUCHS & ERDE Nicht immer frostharter Halbstrauch, der bereits ab März blüht. Aufrecht oder kriechend wachsend, mit immergrünen, nadelförmigen Blättern. Windgeschützter Standort. Kräutererde oder gebrauchtes Substrat mit Sand und Blähton mischen.

PFLANZUNG Ab April in Tonkübel setzen. Über Stecklinge vermehren.

PFLEGE Regelmäßig, aber mäßig gießen. Eher karg halten. Im Frühjahr zurückschneiden. Zur Blüte leicht düngen. Wenig Umtopfen. Winterschutz oder drinnen überwintern.

ERNTE Triebspitzen ab April schneiden.

SALBEI

— Lippenblütler

WUCHS & ERDE Der immergrüne Halbstrauch *(Salvia officinalis)* mit den eiförmigen bis spitz zulaufenden, filzigen Blättern darf in keinem Heilgarten fehlen. Blüht ab Juni. Kräutererde oder gebrauchtes Substrat mit Eierschalen, Sand und Blähton mischen. Gute Drainage.

PFLANZUNG Ab April in Tontöpfe pflanzen. Über Stecklinge vermehren.

PFLEGE Wenig gießen. Im Frühjahr leicht düngen und zurückschneiden. Auf Blattlause achten.

ERNTE Triebspitzen vor der Blüte ernten.

SCHILDAMPFER

— Knöterichgewächse

WUCHS & ERDE Die schildförmigen, graugrünen Blätter des Schildampfers *(Rumex scutatus)* haben ein erfrischendes, zitroniges Aroma. Blüht ab Mai. Braucht frische Pflanzenerde. Zieht sich im Winter zurück.

AUSSAAT & PFLANZUNG Direktsaat und Pflanzung in Kästen im März, April und August. Lichtkeimer. Abstand 15 cm. Im Frühjahr und Herbst teilen.

PFLEGE Gut feucht halten. Regelmäßig düngen. Auf Blattläuse achten. Blütentriebe ausbrechen für eine lange Blatternte.

ERNTE Junge Blätter pflücken, innere stehen lassen.

SCHNITTKNOBLAUCH

— Lauchgewächse

WUCHS & ERDE Schnittknoblauch *(Allium tuberosum)* ähnelt Schnittlauch, hat aber flache grüne Blätter mit Knoblaucharoma. Sternförmige weiße Blüten ab Juli. Frische oder aufgearbeitete Pflanzenerde.

AUSSAAT & PFLANZUNG Ab Februar vorziehen oder Direktsaat in Kiste und Balkonkasten von Mitte März bis September, etwa 1 cm tief. Wächst langsam. Ab April pflanzen.

PFLEGE Regelmäßig gießen, gelegentlich düngen. Robust. Im Frühjahr teilen und in frische Erde setzen.

ERNTE Handhohe Blätter schneiden. Essbare Blüten.

SCHNITTLAUCH

— Lauchgewächse

WUCHS & ERDE Klassisches Küchenkraut mit röhrenförmigen weißen oder violetten Blütenpompons ab Juni. Frische oder aufgearbeitete Erde. Keine trockene Hitze.

AUSSAAT & PFLANZUNG Ab Februar vorziehen oder von April bis September direkt in Töpfe säen, Saattiefe 2 cm. Pflanzen ab April setzen.

PFLEGE Erde feucht halten. Im Frühjahr teilen und in frische Erde topfen.

ERNTE Handhohe Blätter schneiden. Essbare Blüten. Für die Winterernte im Herbst teilen und drinnen auf der Fensterbank kultivieren.

THYMIAN

— Lippenblütler

WUCHS & ERDE Überrascht mit Sortenvielfalt, als Halbstrauch oder kriechend. Schmale Blätter, kleine Blüten ab Juni. Warmer Standort. Erde mit Sand, Blähton und gemahlenen Eierschalen mischen. Gute Drainage.

PFLANZUNG Von April bis August in Tontöpfe pflanzen. Über Teilung im Frühjahr und Stecklinge vermehren.

PFLEGE Eher trocken halten. Im Frühjahr und nach der Blüte zurückschneiden.

ERNTE Triebspitzen vor der Blüte schneiden.

WALDMEISTER

— Rötegewächse

WUCHS & ERDE Im Mai als Bowle, getrocknet als Tee: Die schmalen, lanzettlichen Blätter des Waldmeisters wachsen in Quirlen am vierkantigen Stiel und entwicklen den typischen Duft, wenn sie leicht welk sind. Kleine, weiße Blüten ab April. Frische Erde. Standort eher kühl und schattig.

PFLANZUNG Breitet sich schnell aus, daher ab März in Kisten und Kübel setzen.

PFLEGE Erde feucht halten. Robust. Im Frühjahr und Herbst teilen und in frische Erde topfen.

ERNTE Vor der Blüte ernten.

ZITRONENMELISSE

— Lippenblütler

WUCHS & ERDE Die herzförmigen, gezackten Blätter der Zitronenmelisse sorgen für Frische an heißen Tagen. Blüht im zweiten Jahr ab Juni. Geschützt und warm, aber nicht heiß platzieren. In frische Erde setzen.

AUSSAAT & PFLANZUNG Von April bis August direkt in Kisten und Töpfe aussäen. Lichtkeimer. Pflanzen ab Mitte Mai setzen. Abstand 30 cm.

PFLEGE Ältere Pflanzen mäßig gießen. Auf Blattläuse und Mehltau achten. Regelmäßig im Frühjahr teilen.

ERNTE Triebspitzen vor der Blüte ernten.

ZITRONENVERBENE

— Eisenkrautgewächse

WUCHS & ERDE Der Halbstrauch *Aloysia citrodora* liefert mit seinen schmalen, lanzettförmigen Blättern einen belebenden Sommer-Tee. Entzückende kleine weiße Blüten ab Juli. Erde mit Blähton und etwas Langzeitdünger gemischt. Windgeschützter und warmer Standort.

PFLANZUNG Ab Mitte Mai in Kübel setzen. Über Stecklinge vermehren.

PFLEGE Regelmäßig gießen. Anfällig für Blattläuse und Spinnmilben. Hell überwintern. Rückschnitt im Frühjahr, Formschnitt im Sommer.

ERNTE Triebe vor und während der Blüte ernten.

BLUMEN

MIT 10 BIENENFREUNDLICHEN BLUMEN DURCHS BALKONGARTEN-JAHR

Wildbienen brauchen Futter – und das von Frühling bis in den Herbst. Bereits ab März sind die ersten Hummelköniginnen unterwegs, um Pollen und Nektar zu sammeln. Diese Blumen verwandeln euren Balkon in eine Bienenweide für die ganze Saison.

SCHNEEHEIDE
Im Herbst gepflanzt, gehört der mehrjährige, pflegeleichte Zwergstrauch zu den ersten Bienenweiden.

KROKUS
Beeindruckende Blütenkelche für eine so kleine Pflanze: Ab März lockt sie Bienen und Hummeln mit Nektar und Pollen.

HORNVEILCHEN
Ein Muss! Ein- und mehrfarbige Blüten mit filigranen Zeichnungen – fast zu schön zum Essen.

GOLDMARIE
Sonnenschein in Blumenform. Goldgelbe Blütenteppiche, auf die sich Bienen und Hummeln gern niederlassen.

BIENENFREUND
Geht eigentlich immer – ob als Zierpflanze oder Gründünger. Wunderschöne, nektarreiche blau-violette Blüten.

SCHMUCKKÖRBCHEN
Die filigranen Schönheiten im Kübel sorgen ab Juni bis in den Herbst für ein buntes, wogendes Blütenmeer.

WUCHERBLUME
Ob in Gelb oder Kunterbunt: Die essbaren Blüten sind bei Insekten sehr beliebt.

SONNENBLUME
Gute-Laune-Blume. Auch Insekten und Vögel freuen sich über diese wahrhaft große Futterpflanze.

PURPUR-FETTHENNE
Ab August wird diese Sukkulente zurecht von Bienen und Schmetterlingen umschwärmt.

HERBST-ASTER
Eine Blume wie gemalt. Sorgt im Herbst für Blüten im Balkonkasten.

Blumen: Nützliche Augenweiden

Kein Balkon ohne Blumen! Mit ihren zahlreichen bunten Blüten sorgen sie für gute Laune und bieten Insekten wichtige Nahrung. Einige helfen uns sogar beim Gärtnern.

In den ersten Jahren als Balkongärtnerin wollte ich nur Nützliches anbauen – und das war in meinen Augen vor allem eines: essbar. An Blumen hatte ich kein Interesse. Klassische Balkonblumen wie Geranien, Fuchsien und Petunien mögen zwar den ganzen Sommer hindurch blühen. Doch das genügte mir nicht.

SCHÖN UND NÜTZLICH

Inzwischen blüht es Jahr um Jahr üppiger und bunter in meinem Balkongarten. Denn Blumen können hübsch aussehen und nützlich sein. Kornblume, Kapuzinerkresse, Ringelblume und Hornveilchen zum Beispiel haben essbare Blüten, die ich für Salate und Kräuterbutter verwende.
Die streng riechende Studentenblume (Tagetes) vertreibt die Weiße Fliege und Nematoden in der Erde. Phazelia und Inkarnatklee sind herrliche Gründünger, die ungenutzte Balkonkästen schützen. Und nicht zuletzt locken sie und viele weitere Blumen Insekten an, die Obst und Fruchtgemüse bestäuben.

Insektenfreundliche Blumen

Wildbienen brauchen vom Frühjahr bis in den Herbst hinein süßen Nektar und eiweißreichen Pollen, um ihren Nachwuchs zu versorgen. Doch nicht jede Blüte kann ihnen das bieten. Gerade Züchtungen, bei denen das Aussehen wichtiger als der ökologische Nutzen ist, gelten als problematisch: Üppige Blüten (sogenannte gefüllte Blüten) bieten oftmals weniger oder gar keine Nahrung mehr. Für einen insektenfreundlichen Balkon sind daher ungefüllte Blüten sowie heimische Wildpflanzen die erste Wahl. Wildblumen sind zudem robust, pflegeleicht und genügsam. Sie wachsen selbst in ausgelaugter Blumenerde. Regiosaatgut mit lokalen Wildpflanzen gilt als ideal (Liste Seite 113).

BEGEHRTER LAVENDEL

Im Sommer bieten die violetten Blüten Schmetterlingen und Hummeln Nahrung.

Bezeichnungen beim Pflanzen- oder Saatgutkauf wie „Bienenweide“ sind hingegen nur bedingt verlässlich, da sie nicht gesetzlich geschützt sind.
Mein Tipp: Nicht alles auf einmal, sondern im Abstand von zwei bis vier Wochen säen. So blüht die ganze Saison hindurch immer wieder etwas – manchmal sogar noch im November!

HERBST-/KISSEN-ASTER

— Korbblütler

WUCHS & ERDE Herbst-Astern *(Aster dumosus)*, auch Kissen-Astern genannt, sorgen ab August für ein Blütenmeer. Je nach Sorte umschließen weiße, blaue, violette oder pinkfarbene Zungenblätter die kleinen, gelben Röhrenblüten. Die mit einer Höhe von maximal 50 cm niedrig bleibenden Kissen-Astern eignen sich besonders gut für den Balkon. Nicht heimisch. In Blumenerde mit Langzeitdünger pflanzen.

PFLANZUNG Herbst-Astern können von Frühjahr bis Herbst in Kübel und Balkonkästen gesetzt werden: Zwei Pflanzen passen in einen 60 cm langen Kasten. Durch Teilung im Frühjahr vermehren.

PFLEGE Kissen-Astern sind pflegeleicht. Regelmäßig gießen, aber Staunässe vermeiden. Im Frühjahr und vor der Blüte düngen. Für einen üppigen Flor regelmäßig schneiden und für die Vase verwenden. Mit entsprechendem Schutz draußen überwintern. Im Frühjahr zurückschneiden. Stehen sie zu dicht, können die Blätter Mehltau bekommen.

BIENENFREUND/PHAZELIA

— Wasserblattgewächse

WUCHS & ERDE Die aus Amerika stammende Phazelia *(Phacelia tanacetifolia)* ist aufgrund ihrer nektarreichen Blüten auch als Bienenfreund und Büschelschön bekannt. Hübsch anzusehen ist sie mit ihren gefiederten Blättern und blau-violetten Blütenähren obendrein. Je nach Aussaat blüht sie von Mai bis zum ersten Frost. Sehr anspruchslos, gedeiht am besten windgeschützt in der Sonne und im Halbschatten.

AUSSAAT Von März bis Juni breitwürfig direkt in Kisten und Kästen säen, etwa 1 cm tief. Neophyt, aber eine ideale Gründüngung, da sie mit keiner anderen Pflanze verwandt ist. Im Herbst gesät, blüht sie in der Regel nicht mehr. Bei Bedarf die Pflanzen auf 10 cm Abstand ausdünnen.

PFLEGE Pflegeleicht und robust. Regelmäßig gießen, Staunässe jedoch vermeiden. Blüht bei Trockenheit besonders üppig. Verträgt keinen Frost. Erfrorene Pflanzen schützen die Balkonkästen im Winter. Im Frühjahr die Pflanzenreste kompostieren oder kleingeschnitten in die Erde einarbeiten. Sät sich leicht selbst aus.

PURPUR-FETTHENNE

— Dickblattgewächse

WUCHS & ERDE Mit ihren länglichen, fleischigen Blättern ist die Purpur-Fetthenne *(Sedum telephium)* eine genügsame und trockenresistente Zierpflanze für den Sonnenbalkon. Im Frühling und Sommer eher unauffällig, werden ihre weißen bis purpurfarbenen Blüten von August bis Oktober eifrig von Bienen, Hummeln und Schmetterlingen umschwärmt. Wuchshöhe je nach Sorte etwa 40 cm. Möglichst sonniger Standort, magere Erde und eine gute Drainage.

PFLANZUNG Die Pflanzen ab April in einen Kübel oder eine große Schale setzen. Über Stecklinge und Teilung im Frühjahr lässt sie sich einfach vermehren.

PFLEGE Eher wenig gießen und nicht düngen. Steht die Purpur-Fetthenne zu feucht, können Blätter faulen. Sehr robust und pflegeleicht.

MEIN TIPP: Samenstände für Vögel den Winter über stehen lassen und erst im Frühjahr zurückschneiden.

GOLDMARIE

— Korbblütler

WUCHS & ERDE Mit ihren sternförmigen, meist sonnengelben Blüten ist die Goldmarie *(Bidens ferulifolia)* ein Schatz für den Balkon. Die ausladend wachsende, bis zu 30 cm hohe Staude füllt mit Duft und Leichtigkeit einen Kübel und blüht von Mai bis in den Oktober hinein. Heimisch ist sie jedoch nicht, ursprünglich stammt sie aus Mittelamerika. Sonniger Standort, frische Blumenerde mit Langzeitdünger und Drainage.

PFLANZUNG Goldmarie ab Februar drinnen vorziehen oder ab April direkt aussäen. Pflanzen ab Mitte Mai setzen. Vermehrung über Stecklinge und Teilung im Frühjahr möglich.

PFLEGE Im Sommer viel gießen und regelmäßig düngen, damit die Goldmarie fleißig Blüten bilden kann. Ansonsten ist sie äußerst pflegeleicht: Verblühtes muss nicht ausgeputzt werden. Allzu lange Triebe bei Bedarf schneiden – so bleibt die Pflanze kompakt und verzweigt sich mehr. Auf Blattläuse achten. Frostempfindlich, daher drinnen hell überwintern oder im kommenden Jahr neu aussäen. Sorten mit essbaren Blüten.

HORNVEILCHEN

— Veilchengewächse

WUCHS & ERDE Hornveilchen *(Viola cornuta)* ähneln Stiefmütterchen, sind aber wesentlich zierlicher: Sie werden etwa 15 bis 20 cm hoch. Namengebend ist der hornähnliche Sporn am Ende der Blüte. Die Farben changieren zwischen einfarbigen Sorten in Gelb und Blau bis hin zu mehrfarbigen Exemplaren mit filigranen Zeichnungen. Blütezeit von März bis Oktober. Blumenerde mit etwas Langzeitdünger mischen.

AUSSAAT & PFLANZUNG Ab Januar vorgezogene Pflanzen von März bis September setzen oder in dieser Zeit direkt aussäen. Kalt- und Lichtkeimer. Die Samen gehen nach etwa zwei Wochen auf. Abstand 10 cm.

PFLEGE Hornveilchen sind pflegeleicht und blühen mehrfach, wenn Verblühtes ausgeputzt wird. Regelmäßig gießen, bei Bedarf düngen. Auf Mehltau achten. Sorten kreuzen sich leicht und vagabundieren gern. Winterharte Sorten, einige haben essbare Blüten.

KROKUS

— Schwertliliengewächse

WUCHS & ERDE Krokusse gehören zu den ersten Blumen im Frühling und sind wichtige Nahrungspflanzen für Hummeln und Wildbienen, die schon ab März fliegen. Die weißen bis violettfarbenen, trichterförmigen Blütenkelche des Elfen-Krokus *(Crocus tommasinianus)* öffnen sich an etwa 10 cm langen Stielen weit nach oben, sodass Nektar und Pollen gut erreichbar sind. Möglichst sonnig in Blumenerde pflanzen, gute Drainage.

PFLANZUNG Die Knollen werden von September bis November etwa 5 bis 10 cm tief in Kübel gesetzt. Krokusse vermehren sich über Tochterknollen.

PFLEGE Die Frühblüher sind robust und pflegeleicht. An frostfreien Tagen ab Jahresbeginn vermehrt gießen, aber Staunässe vermeiden. Nach der Blüte die langen, grünen Blätter stehen lassen. Sie braucht der Krokus, um Kraft für die nächste Saison zu sammeln. Im Herbst prüfen, ob sich nicht zu viele Knollen im Kübel Konkurrenz machen. Bei Bedarf ausdünnen und in frische Erde pflanzen.

SCHMUCKKÖRBCHEN

— Korbblütler

WUCHS & ERDE Die Schmuckkosmee *(Cosmos bipinnatus)* stammt ursprünglich aus Mittelamerika. Hierzulande ist sie nicht ohne Grund auch als Schmuckkörbchen bekannt: Mit ihren großen Blütenteller zieht sie die Blicke auf sich. Wahlweise umrahmen weiße, gelbe, rosa- oder purpurfarbene Zungenblüten die gelbe Mitte mit den kleinen Röhrenblüten. Die gefiederten, sich weit verzweigenden Blätter sind ein filigraner Schmuck. Kosmeen blühen von Juni bis in den späten Herbst hinein. Windgeschützter Standort. Blumenerde mit etwas Langzeitdünger mischen.

AUSSAAT & PFLANZUNG Ab Mai in große Kisten und Kübel direkt säen, Keimdauer je nach Sorte etwa zwei Wochen. Alternativ ab März vorgezogene Pflanzen setzen.

PFLEGE Regelmäßig gießen, bei Bedarf düngen. Auf Blattläuse und Mehltau achten. Hohe Sorten stützen. Verblühtes entfernen. Für die Vase schneiden. Einige Sorten sind essbar.

SCHNEEHEIDE

— Heidekrautgewächse

WUCHS & ERDE Die Schnee- oder Winterheide *(Erica carnea)* stammt ursprünglich aus den Alpen und hat zu Beginn des Jahres ihren großen Auftritt. Ab Januar öffnen sich die winzigen, weißen bis pinkfarbenen Glöckchenblüten und bieten bis in den April hinein den ersten Wildbienen Nahrung. Das anspruchslose Heidekrautgewächs mit den nadelartigen Blättern wird etwa 30 cm hoch. Mit der Zeit bildet es einen dichten Teppich. In mit Sand gemischte, idealerweise leicht saure Pflanzenerde setzen, gute Drainage.

PFLANZUNG Im Frühjahr und Herbst in Kästen und Kübel setzen. Über Stecklinge und Teilung nach der Blüte im Sommer vermehren.

PFLEGE Die Schneeheide ist sehr pflegeleicht. Vor Wind schützen und an frostfreien Tagen regelmäßig gießen, damit die Erde nicht austrocknet. Eher karg halten und nur bei Bedarf mäßig im Frühjahr düngen. Nach der Blüte leicht zurückschneiden, damit der Zwergstrauch nicht verkahlt. Frosthart.

SONNENBLUME

— Korbblütler

WUCHS & ERDE Die Sonnenblume *(Helianthus annuus)* stammt ursprünglich aus Amerika. Sie ist eine im wahrsten Sinne des Wortes große Bienenweide: Bei entsprechenden Bedingungen kann sie auf dem Balkon bis zu 2 m hoch werden. Breite, herzförmige Blätter. Je nach Sorte umrahmen gelbe bis rotbraune Zungenblüten einen Blütenkorb voller kleiner, brauner Röhrenblüten, die reichlich Nektar produzieren. Blüte von Juni bis Oktober. Windgeschützter Standort. Frische Blumenerde mit Langzeitdünger.

AUSSAAT & PFLANZUNG Ab Mai direkt in einem hohen Kübel oder in eine Kiste aussäen, etwa 2 cm tief. Die Samen keimen nach etwa zwei Wochen.

PFLEGE Sonnenblumen reichlich gießen und düngen. Große Sorten stützen. Auf Mehltau achten. Die Kerne ernten oder den Samenstand für die Vögel den Winter über stehen lassen. Sät sich von selbst aus.

WUCHERBLUME

— Korbblütler

WUCHS & ERDE Die gelb blühende Saat-Wucherblume *(Chrysanthemum segetum)* ist ursprünglich ein Ackerwildkraut, hat aber mit ihren schönen Blüten auch Einlass in Beet und Kübel gefunden. Dort sorgen die duftenden Zuchtsorten der Bunten Wucherblume für Spektakel: Die Zungenblätter sind mehrfarbig weiß, gelb und rot geringelt. Wucherblumen werden bis zu 50 cm hoch und gedeihen in normaler Blumenerde. Blüten von Juni bis Oktober.

AUSSAAT Die Samen am besten direkt von Ende März bis Mitte Mai etwa einen halben Zentimeter tief in den Kasten und Kübel säen. Sie keimen nach etwa zwei Wochen.

PFLEGE Die einjährigen Wucherblumen sind anspruchslos und pflegeleicht. Regelmäßig gießen. Für die Vase morgens schneiden, wenn die Blüten noch nicht geöffnet sind. Jeder Schnitt sorgt dafür, dass sich die Pflanze besser verzweigt und üppiger blüht. Einige Sorten haben essbare Blüten. Säen sich leicht selbst aus.

NOCH MEHR BLÜTENPRACHT FÜR KASTEN UND KÜBEL

Blumen gibt es en masse im Handel. Empfehlenswert sind möglichst wenig verzüchtete Pflanzen, ungespritzt und in Bio-Qualität. Sie erfreuen dann das Auge und können den Insekten Nektar und Pollen bieten.

DUFTGERANIE
Storchschnabelgewächse
Blütezeit: Mai bis August
Blätter duften wahlweise nach Orange, Zitrone, Rose, Apfel oder Cola. Essbare Blüten.

DUFTWICKE
Schmetterlingsblütler
Blütezeit: Juni bis September
Kletterpflanze mit duftenden, schmetterlingsartigen Blüten. Regelmäßiger Schnitt fördert Blüten.

GEMEINER LEIN
Leingewächse
Blütezeit: Juni bis August
Aufrecht wachsend, blüht blau oder weiß. Essbare Samen.

INKARNATKLEE
Schmetterlingsblütler
Blütezeit: Mai bis August
Leuchtend blutrote Blütenähren, die von unten nach oben abblühen. Gründünger.

JUNGFER IM GRÜNEN
Hahnenfußgewächse
Blütezeit: Juni bis September
Die Kombination von weißen oder blauen Blüten und filigranem Laub ist einfach ein Traum.

KAPUZINERKRESSE
Kapuzinerkressengewächse
Blütezeit: Juli bis Oktober
Blüht gelb bis tiefrot, auch mehrfarbig. Essbare Blüten, Blätter und Samen.

KATZENMINZE
Lippenblütler
Blütezeit: April bis Juli
Nach Zitrone duftende Blätter. Nach der ersten Blüte zurückschneiden für einen zweiten Flor.

KISSEN-PRIMEL
Primelgewächse
Blütezeit: März bis April
Neben farbenfrohen Züchtungen gibt es auch bienenfreundliche Wildarten.

KLEINE TRAUBENHYAZINTHE
Spargelgewächse
Blütezeit: März bis Mai
Blaue Blütentrauben, die Samenkapseln bilden. Treibt im Herbst neue Blätter und überwintert grün.

Wicken sind eine Zierde für Balkonkasten und Vase.

LAVENDEL
Lippenblütler
Blütezeit: Juni bis August
Violette Blüten, intensiv duftende Blätter. Beides können wir zum Würzen verwenden.

LÖWENMÄULCHEN
Lippenblütler
Blütezeit: Juni bis September
Ährenförmig angeordnete, ein- und mehrfarbige Blüten, die sich auf leichten Druck hin öffnen.

MÄNNERTREU
Glockenblumengewächse
Blütezeit: Mai bis September
Hängende oder aufrecht wachsende Zierpflanze mit vielen kleinen violett-blauen oder weißen Blüten.

PATAGONISCHES EISENKRAUT
Eisenkrautgewächse
Blütezeit: Juli bis Oktober
Blüht violett in Scheindolden an beeindruckend langen Stängeln.

PRUNKWINDE
Windengewächse
Blütezeit: Juli bis Oktober
Neben blauen Sorten gibt es auch rosa- und purpurfarbene Varianten, die einen Tag lang blühen.

PURPURGLÖCKCHEN
Steinbrechgewächse
Blütezeit: Mai bis Juli
Kleine weiße oder rosafarbene Glöckchenblüten an langen Stielen. Bringt mit gelbem bis dunkelrotem Laub Farbe in schattige Ecken.

RINGELBLUME
Korbblüter
Blütezeit: Mai bis Oktober
Heilpflanze mit gelben bis orangefarbenen Korbblüten. Essbar.

STUDENTENBLUME
Korbblütler
Blütezeit: Juni bis Oktober
Verschiedene, auch mehrfarbige Sorten, darunter auch essbare. Duftende Sorten für Mischkultur.

Die winzigen Blüten des Patagonischen Eisenkrauts ziehen Hummeln und Falter an.

ZURÜCK ZUR NATUR: WILDPFLANZEN FÜR DEN BALKON

Wilde Kübel gehören auf jeden Balkon. Hier ein paar besondere Wildpflanzen, die zudem sehr hübsch in Kisten und Kübeln aussehen.

FELD-THYMIAN
Lippenblütler
Blütezeit: Juni bis August
Essbare Wildvariante des Küchenkrauts, blüht violett bis rosafarben.

FRÜHLINGSPLATTERBSE
Schmetterlingsblütler
Blütezeit: April bis Mai
Eher schattig kultivieren. Nach der Bestäubung färben sich die purpurroten Blüten bläulich bis grün-beige.

GUNDERMANN
Lippenblütler
Blütezeit: April bis Juni
Essbarer Frühlingsbote, blüht blau-violett. Breitet sich über Ausläufer aus.

HEIDE-NELKE
Nelkengewächse
Blütezeit: Juni bis August
Wächst in leicht saurer Erde. Die rosafarbenen Blüten öffnen sich an langen Stängeln.

KLATSCHMOHN
Mohngewächse
Blütezeit: Mai bis Juli
Pionierpflanze, die knallroten Blüten haben eine schwarze Mitte. Samen sind beliebtes Vogelfutter.

KORNBLUME
Korbblütler
Blütezeit: Mai bis September
Bezaubernde Vagabundin mit blauen, weißen oder rosafarbenen Blüten – fast zu schön zum Essen.

WEISSE LICHTNELKE
Nelkengewächse
Blütezeit: Juni bis September
Öffnet ihre schneeweißen, duftenden Blüten erst in der Dämmerung für hungrige Nachtfalter.

MOSCHUS-MALVE
Malvengewächse
Blütezeit: Juli bis September
Etablierter Neophyt mit duftenden, hellrosafarbenen Blüten.

GEMEINE SCHAFGARBE
Korbblütler
Blütezeit: Mai bis August
Heilpflanze mit gefiederten Blättern und kleinen weißen Blüten. In tiefe Kübel pflanzen.

WIESEN-FLOCKENBLUME
Korbblütler
Blütezeit: Juni bis Oktober
Klassische Wiesenblume, deren Korbblüte aus dutzenden violettfarbenen Blütenröhren besteht.

WIESEN-SALBEI
Lippenblütler
Blütezeit: Juni bis August
Heilpflanze mit blau-violetten, manchmal auch weißen Lippenblüten.

WILDE MÖHRE
Doldenblütler
Blütezeit: Juni bis Oktober
Kleines Naturschauspiel: Die weißen Blütendolden rollen sich nach der Blüte zusammen.

PARADIES FÜR TIERE

Tierfreundlich gärtnern

Ein nachhaltiger Balkongarten ist nicht nur für uns Menschen ein neuer Lebensraum. Auch Vögeln, Insekten und anderen Tieren bietet die kleine Oase Nahrung und Schutz.

Unauffälliger Nützling: Florfliege

Mit dem Frühling zieht Leben ein auf meinem Balkon. Hummeln laben sich an den Blüten von Dicker Bohne und Traubenhyazinthe. Vogeleltern suchen an jungen Minztrieben nach Blattläusen. Meist werden sie fündig: Gifte kommen mir nicht in den Balkongarten, auch keine auf biologischer Basis. Sie können nützliche Insekten töten und auf lange Sicht die Vögel vergiften, die sich von ihnen ernähren. Daher stärke ich Pflanzen lieber und setze auf meine tierischen Helfer.

UNTERSCHLUPF FÜR INSEKTEN

Lebensräume für Insekten und andere Krabbeltiere zu schaffen, ist auf einem naturnahen Balkon eigentlich ganz einfach. Vieles können wir selber machen oder ergibt sich von allein, wenn wir nicht allzu ordentlich aufräumen: Unter Kisten und abgestorbenen Blättern verstecken sich Marienkäfer, Asseln und Hundertfüssler. Ein mit Stroh gefüllter und über Kopf aufgehängter Blumentopf bietet Ohrwürmern ein Zuhause. Insektenhotels erfreuen sich dennoch großer Beliebtheit. Billig produzierte Massenware erweist sich jedoch oftmals als insektenunfreundlich oder unnütz: Loch- und Blockziegel mit großen, eckigen Löchern, Kiefernzapfen, Baumrinde sowie zerfaserte und zerquetschte Halme bringen Wildbienen nichts. **Mein Tipp:** Nisthilfen bei Naturschutzverbänden kaufen – vor Ort und im Webshop. Ideal sind Nisthilfen, die regional und nachhaltig gefertigt wurden. Naturmaterialien wie Ton und unbehandeltes, heimisches, FSC-zertifiziertes Holz lässt sich einfach recyceln.

Hilfe für Wildbienen

Der Großteil der rund 560 hierzulande bekannten Wildbienenarten nistet im Boden. Diesen Lebensraum auf dem Balkon nachzubilden, ist nicht einfach. Versuchsweise könnt ihr eine offene Kiste mit sandiglehmiger Erde aufstellen.

Eine Marienkäferlarve frisst bis zu 600 Blattläuse.

Blaumeisen brauchen Insekten für ihren Nachwuchs.

Schilfmatten mit sorgfältig geglätteten Röhren eignen sich nicht nur als Sicht- und Sonnenschutz, sondern dienen auch Wespen und Bienen als Nistmaterial. Glatt abgeschnittene, markgefüllte Stängel von Brombeere und Himbeere werden angenommen, wenn sie einzeln und senkrecht in der Erde stehen.

Nisthilfe aus Holzblöcken

Mit einem Bohrer könnt ihr künstliche Gänge in Holzblöcke aus Buche, Eiche oder Esche bohren – von der Rinde aus zur Mitte hin. Die Löcher sollten 10 bis 15 cm tief und hinten verschlossen sein, mit einem Durchmesser zwischen 2 und 8 mm. Glättet Schnittkanten und Innenseiten sorgfältig, damit sich die Tiere nicht verletzen. Ein breitmaschiges Gitter 2 cm vor den Brutröhren angebracht, schützt sie vor hungrigen Vögeln. Die Nisthilfen an einem sonnigen, wind- und regengeschützten Standort gut befestigen.

NÜTZLINGE: WER FRISST WEN?

Assel Nahrung sind abgestorbene Pflanzenreste. Verkriecht sich unter Kisten, Untersetzern und Pflanzenresten

Florfliege Larven ernähren sich von Blattläusen, Spinnmilben, Thripse. Erwachsene: Pollen und Blüten. Überwintert in frostfreien Nischen und Gebäuden sowie im Laub

Hummel/Wildbiene Nahrung sind Nektar und Pollen. Nisten im Boden, in Pflanzenstängeln oder Nisthilfen

Marienkäfer Käfer und Larven ernähren sich von Blattläusen, Schildläusen, Spinnmilben, Weißer Fliege sowie Insektenlarven. Überwintern in Hohlräumen, Mauerritzen und unter Kisten

Ohrenkneifer Nahrung sind Blattläuse, Schildläuse, Spinnmilben, Mehltau, Raupen. Verkriecht sich unter Kisten, Laub, in umgedrehten Blumentöpfen und Mauerritzen

Schwebfliege Nahrung der Larven: Blattläuse. Erwachsene: Nektar und Pollen. Überwintert in Mauerritzen und Spalten

Schlupfwespe Ernährt sich von Blattläusen, Minierfliegen, Schmetterlingslarven, Schildläusen, Weißer Fliege als Parasit. Überwintert an und unter Gehölzen

Schmetterling Brombeere, Große Brennnessel, Kohlgewächse, Thymian. Überwintert je nach Art als Ei, Raupe, Puppe oder Falter an und unter abgestorbenen Pflanzen und Laub oder frostfreien Hohlräumen

Spinne Nahrung sind Insekten. Verkriecht sich in dunklen Ecken, unter Kisten

Vögel (Meisen, Amsel, Zaunkönig etc.) Nahrung sind Asseln, Blattläuse, Fliegen, Schildläuse, Schmetterlinge, Spinnen sowie weitere Insekten und ihre Larven. Nistet in Bäumen, Hecken und Nistkästen

KLEINES INSEKTENHOTEL IN DER DOSE

Insektenhotels bieten einigen Wildbienenarten eine Nisthilfe – und uns eine gute Gelegenheit, sie aus der Nähe zu beobachten.

1.

Hohle Stängel wie Schilf, Stroh oder Bambus auf 10 bis 15 cm Länge kürzen und ausgefranste Schnittkanten glätten.

2.

Vorhandene Knoten im Stängel mit einem dünnen Bohrer durchstoßen und die Innenseite glätten, damit sich die Bienen beim Herauskriechen nicht verletzen. Alternative: Pappröhrchen aus dem Handel mit einem Durchmesser zwischen 2 und 8 mm.

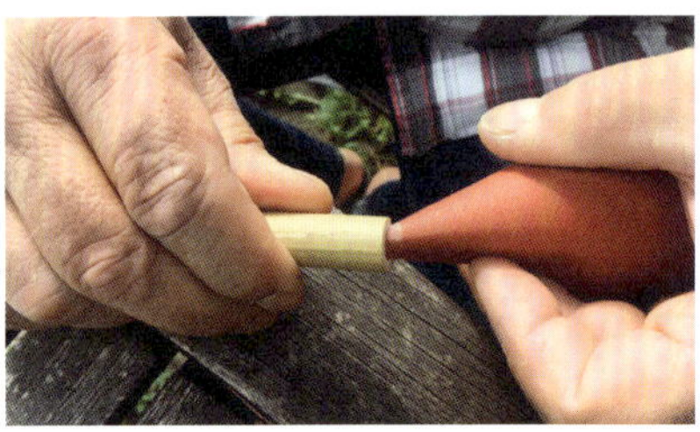

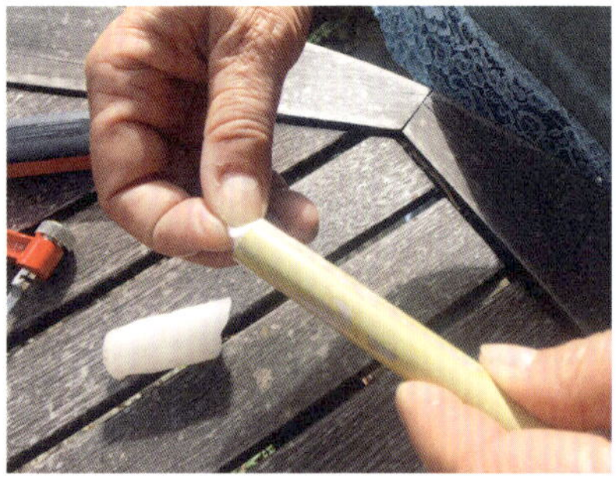

3.

Ein Ende der Stängel verschließen – zum Beispiel mit Wachs, Lehm oder Watte. Gut durchtrocknen lassen.

4.

Die Stängel mit der offenen Seite nach vorn so dicht in eine Blechdose stecken, dass sie nicht mehr herausfallen und von hungrigen Vögeln herausgezogen werden können. Die Dose waagrecht und fest an einem sonnigen, wind- und regengeschützten Platz auf dem Balkon aufhängen – idealerweise in der Nähe bienenfreundlicher Pflanzen.

MINI-TEICH FÜR TIERE

Ein Mini-Teich braucht nicht viel Raum. Schon ein Topf, Eimer oder eine Emaille-Schüssel bietet Vögeln und Insekten frisches Wasser und einen Lebensraum.

1.
Ein bis zwei große, flache Steine in das Gefäß legen. Sie dienen als Landeplatz für Insekten und stabilisieren den Teich.

2.
Zwei bis drei Wasserpflanzen direkt oder in Tontöpfe mit Tongranulat pflanzen, die dann eingesetzt werden. Je nach Größe eignen sich Schwimm- und Sumpfpflanzen, die auf der Wasseroberfläche, im Flachwasser und am Rand von Teichen und Seen wachsen: Igelschlauch *(Baldellia ranunculoides)*, Zwerg-Rohrkolben *(Typha minima)*, Froschlöffel *(Alisma)*, Sumpf-Iris *(Iris pseudacorus)*, Wassersalat *(Pistia stratiotes)* und kleine Seerosen. Tannenwedel *(Hippuris vulgaris)* und Wasserlinsen *(Lemna)* mindern Algenbildung.

3.
Den Mini-Teich am schattigen bis halbschattigen Standort aufstellen, damit er nicht so schnell austrocknet. Mit Regen- oder abgestandenem Leitungswasser füllen. Regelmäßig nachgießen und abgestorbene Pflanzenteile entfernen. Im Herbst nach drinnen holen.

1

2

1. Auf meinem Balkon nutze ich die Schalen von Jakobsmuscheln als Vogel- und Insektentränken.

2. Bietet Meisenknödel und loses Futter in Spendern an – das spart Plastikmüll!

VÖGEL UNTERSTÜTZEN

Was oftmals vergessen wird: Tiere brauchen neben fester Nahrung auch Wasser.

Wasserstellen

Gerade in heißen Sommern ist kühles Nass rar, Insekten und Vögel haben Durst. Mit einem Mini-Teich (Seite 119) und kleinen Wasserstellen könnt ihr ihnen helfen: Als Tränke eignen sich flache Schalen aus Keramik und Topfuntersetzer. Füllt ihr sie regelmäßig mit Wasser, kommen Meise, Elstern und Spatzen gern vorbei. Größere Schalen nutzen sie zum Baden. Damit Insekten nicht ertrinken, Tränken mit reichlich flachen Steinen, Muscheln und Moos ausstaffieren.

Ganzjährig Vogelfutter anbieten

Insekten sind nicht nur nützliche Helfer, sie dienen auch anderen Tieren als Nahrung: Für eine frische Larve quetscht sich schon mal ein Zaunkönig unter eine aufgebockte Balkonkiste. Meisen picken Blattläuse von den Pflanzen, wenn sie nicht gerade mit den Spatzen an den Futtersäulen hängen, die wahlweise mit netzlosen Meisenknödeln und Erdnüssen, Sonnenblumenkernen, Hirse, Leinsaat und anderen Samen gefüllt sind. Ungesalzene Erdnussbutter mit Mehlwürmern im Glas kommen bei den Piepmätzen ebenfalls gut an. Und wenn ihr im Herbst die Samenstände von Sonnenblumen stehen lasst, werden sie nach und nach leer gepickt. Wichtig: Reinigt Futterstellen regelmäßig, damit sich kein Ungeziefer einnistet oder sich Krankheiten übertragen.

Nisthilfe für Vögel

Einen Nistkasten auf dem Balkon aufzuhängen, ist eine feine Geste. Sie will aber erlaubt und gut überlegt sein: Ihr müsst euch bewusst sein, dass ihr den Balkon während der Brutzeit nicht wie gewohnt nutzen könnt und die Vögel wiederkommen.Werdende Vogeleltern können wir im Frühling auch anders unterstützen. Zum Beispiel, indem wir Futter, zerstoßene Eierschalen und Material für das Nest zur Verfügung stellen. Abgestorbene Zweige sowie Federn, Tier- und Menschenhaar werden ebenfalls gern angenommen. Meisen parfümieren ihr Nest zudem gern mit frischen Lavendelblättern.

FUTTERGLOCKEN FÜR VÖGEL BASTELN

Vögel freuen sich vor allem im Winter über zusätzliche Nahrung. Selbstgemachte Futterglocken sind plastikfrei und mit Kokosfett sogar vegan.

1.

Zieht eine Kordel durch den Blumentopf und verknotet sie. Alternative: Ein kleines Stück Holz an der Kordel befestigen und diese so durch das Loch ziehen, dass der Topf frei wie eine Glocke hängt.

Mein Tipp: Vor dem Einfüllen der Masse einen Stock in das Gefäß stecken, der etwa 10 cm über den Rand hinausragt. An ihm können sich die Vögel festhalten.

2.

Bio-Rindertalg oder Kokosfett in einem Topf langsam erwärmen, bis es geschmolzen ist. Etwas Pflanzenöl hinzugeben. Vogelfutter gleichmäßig in das flüssige Fett einrühren, im Verhältnis 1:1. Geeignet sind Haferflocken, gehackte Haselnüsse und ungesalzene Erdnüsse, Sonnenblumenkerne, Lein- und Hanfsamen sowie getrocknete Beeren und Rosinen. Die Masse vorsichtig in den Blumentopf füllen und auskühlen lassen, zum Beispiel im Kühlschrank.

3.

Die Futterglocke an einer schattigen Stelle aufhängen, damit das Fett nicht schmilzt. Haltet die Futterstellen sauber und entfernt regelmäßig herausgefallenes Futter vom Boden.

BEZUGSQUELLEN, INFORMATIONEN UND LINKS

Gefäße und Gartengeräte

- BUNDladen: *bundladen.de*
- Elho: *elho.com*
- Green & Fair: *greenandfair.info*
- Greenpeace Magazin Warenhaus: *greenpeace-magazin.de/warenhaus*
- Manufactum: *manufactum.de*
- Memolife: *memolife.de*
- 4betterdays: *4betterdays.com*

Pflanzenerde

- BUND Einkaufsführer für torffreie Erde: *bund.net/torffrei*
- RAL bei Erde: *substrate-ev.org*

Tauschbörsen und Pflanzenflohmärkte

- Lokale Tauschbörsen: *nutzpflanzenvielfalt.de/termine*
- Saatgutboxen der Initiative Freies Saatgut für alle: *freiessaatgut.de*
- Saatgutboxen des VEN: *nutzpflanzenvielfalt.de/termine*

Bio-Saatgut

- Bingenheimer Saatgut: *bingenheimersaatgut.de*
- Culinaris: *culinaris-saatgut.de*
- Dreschflegel: *dreschflegel-saatgut.de*
- Kräuter Simon: *kraeuter-simon.com*
- Reinsaat: *reinsaat.at*
- Samenfest: *samenfest.de*
- Sativa: *sativa.bio*

Alte und besondere Sorten

- Arche Noah: *arche-noah.at*
- Pro Specie Rara: *prospecierara.de*
- Regiosaatgut: *regiozert.de*
- Rühlemann's: *kraeuter-und-duftpflanzen.de*
- VEN: *nutzpflanzenvielfalt.de*
- VERN: *vern.de*

Bio-Pflanzen und Gehölze

- Baumschule Pflanzlust: *biobaumversand.de*
- Herb's Biolandgärtnerei: *herb-s.de*
- Hof Jeebel: *biogartenversand.de*
- Staudengärtnerei Gaißmayer: *gaissmayer.de*
- Übersicht von Bio-Zierpflanzen: *bio-zierpflanzen.de*
- Übersicht von Naturgarten e. V. : *naturgarten.org*

Mulch und Bewässerungshilfen

- Blumat: *blumat.de*
- Herb's Muschelmulch: *muschelmulch.de*
- Klostergut Schlehdorf: *klostergut-schlehdorf.de*
- PureWol: *purewol.de*
- Werdenfelser Schafwoll-Laden: *werdenfelser-schafwolle.de*

Dünger und Pflanzenschutzmittel

- Aries Umweltprodukte: *aries.de*
- KleePura: *kleepura.de*
- Snoek: *snoek-naturprodukte.de*
- WormUp: *wormup.ch*
- Wurmwelten: *wurmwelten.de*

Nisthilfen, Futterstellen und Vogelfutter

- BUNDladen: *bundladen.de*
- NABU: *nabu-shop.de* und weiter unter *https://www.nabu.de/tiere-und-pflanzen/insekten-und-spinnen/insekten-helfen/00960.html*
- LBV NaturShop: *lbv-shop.de*

Informationen zum Balkongärtnern

- Balkongarten-Blog Kistengrün: *kistengruen.de*
- Gartentelefon der Gartenakademien: *gartenakademien.de*
- NABU: *nabu.de/balkon*
- Wildgarten-Balkon: *wildermeter.de*

Zum Recherchieren und Weiterlesen

- Bioland-Richtlinien: *bioland.de/richtlinien*
- Demeter-Kriterien: *demeter.de/ueber-uns/richtlinien*
- Naturland-Richtlinien: *naturland.de/de/richtlinien*
- Die Umweltberatung: *umweltberatung.at*
- Fair Rubber: *fairrubber.org*
- Holzratgeber von Greenpeace Schweiz: *greenpeace.ch/holzratgeber*
- Label Online: *label-online.de*
- Open Source Saatgut: *opensourceseeds.org*
- Pflanzenschutz-Informationssystem: *hausgarten.pflanzenschutz-information.de*
- Substratbuch des Industrieverband Garten: *substratbuch.ivg.org*
- Umweltbundesamt: *umweltbundesamt.de*
- Umweltzeichen Blauer Engel: *blauer-engel.de*

REGISTER

Fette Zahlen verweisen auf die Abbildung.

KISTENGRÜN
MEIN BALKON-GARTEN-BLOG

ALLES RUND UMS NACHHALTIGE GÄRTNERN IN DER STADT – INSEKTENFREUNDLICH UND PLASTIKFREI!

Seit Februar 2014 blogge ich auf Kistengrün. Ursprünglich wollte ich ein persönliches Gartentagebuch schreiben. Inzwischen teile ich auf Kistengrün öffentlich meine Erfahrungen mit dem Gärtnern auf kleinem Raum.

Die meisten sind überrascht, dass mein „Garten" gerade mal sechs Quadratmeter groß ist. Sicherlich: Viel Platz ist das nicht. Und dennoch wachsen dort inzwischen mehr als 50 Sorten Gemüse, Kräuter, Obst, Blumen und Wildpflanzen.

Ich bin überzeugt: Auch der kleinste Balkon kann ein wichtiger biologischer Trittstein sein, wenn wir ihn insektenfreundlich und vielfältig gestalten. Und ich bin sicher: Jede*r von uns hat einen grünen Daumen. Irgendwas wächst immer. Probiert es einfach mal aus!

Auf Kistengrün findet ihr regelmäßig neue Tipps und Anregungen. Mein Newsletter und meine Online-Seminare bieten euch einen kompakten Überblick zu bestimmten Themen. Bei Fragen oder Problemen helfe ich gern weiter. Ich freue mich auf eure Nachricht!

BILDNACHWEIS

Mit 226 Farbfotos

Peter Berg/Jürgen Weisheitinger: S. 27 li, 37 re, 53 re; **Simone Berning:** S. 126; **Flora Press:** /Daniela Kunze S. 21 ore, /Pavel Ovsik S. 21 ure, /Sibylle Pietrek S. 22, /Otmar Diez S. 25, /Daniela Kunze S. 37 li, /Botanical Images S. 52 li, /Karen Meyer-Rebentisch S. 52 re, /Daniela Kunze S. 59 oli, /Otmar Diez S. 59 ore, /Martin Hughes-Jones S. 63 Mi, /Redeleit&Junker/P. Wegner S. 64 re, /Ardea/Brian Bevan S. 64 li, /Otmar Diez S. 65 re, / BIOSPHOTO/Serge Lapouge S. 67 Nr. 1, /BIOSPHOTO /NouN S. 67 Nr. 2, 4 /BIOSPHOTO /Yann Avril S. 67 Nr. 3, /Teubner Foodfoto S. 74 li, /Sally Tagg S. 74 re, /Helga Noack S. 77 o, /Martin Hughes-Jones S. 79 u, /GWI S. 82 u, /Visions S. 87 o, /Nova Photo Graphik S. 87 u, /F. Endress S. 89 alle drei, /Helga Noack S. 108 o, /Visions S. 108 u, /FocusOnGarden/Jürgen Becker 114/115, /Edition Phönix S. 117 ure; GAP Photos: / Robert Mabic S. 5, /Dave Bevan S. 8 o, /Tom Gainey S. 24; **GAP Photos:** S. 41 alle vier, S. 68, 69 li, 80 o, 121 alle 3, /Pemilla Bergdahl S. 70/71, /Dave Bevan S. 78 o, /Martin Hughes-Jones S. 99 u, / Nicola Stocken S. 128; **Gartenschatz GmbH:** S. 83 li; **Claude Gasser (für WurmUp):** S. 54 re; **Birgit Grimm:** S. 48 o, 52 li; **Thomas Heß:** S. 27 ure, 49 alle vier; **Kosmos-Verlag:** S.17 re; **Bärbel Oftring:** S. 118 alle vier; **Melanie Öhlenbach/Kistengrün:** S. 11 beide, 13 alle fünf, 14 alle drei, 15 alle vier, 20 alle 3, 32, 40 alle vier, 46, 48 uli, 61, 75 alle fünf, 83 re, 84 o, 110 o, 119 alle drei, 120 li; **Rogge & Jankovic Fotografen:** S. 73; **Shutterstock:** /Lapa Smile S. 12 ore, /Dora Zett S. 12 ure, /Kateryna Slavska S. 26, /Henriette V. S. 35 li, /Lunov Mykola S. 47 li, /Monthira S. 55 oli, /Pascal Lagesse S. 55 uli, /Nayak babu S. 78 u, /APNP S. 90 o, /photoPOU S. 97 u, /Wakhron S. 101 mi, /K-Smile love S. 109 o, /Iva Vagnerova S. 109 u, /Abramoff S. 116 uli; **Ana Schneider/ WurmUP:** S. 54 li; **Friedrich Strauss Gartenbildagentur:** /Strauss, Friedrich S. 10, 12 li, 16, 19 mire, 21 oli, 23, 31, 38, 69 re, 79 o, 81 u, 84 mi, 84 u, 85 alle vier, 88 beide 91 beide, 98 u, /Garden World Images S. 100 u, /Strauss, Friedrich S. 103, 110 u; **Stocksy:** Pixel Stories S. 6/7, 44, **stock.adobe.com:** Scheer Sieglinde S. 2/3, /patrick S. 8 u, /Thomas Bethge S. 17 li, /Maria S. 18, /Andreas S. 19 oli, /monropic S. 19 u, /FotoHelin S. 19 ore, /Helen Rushbrook S. 21 uli, /Cora Müller S. 27 o, /Александр Кузьмин S. 28/29, /Bramsiepe S. 33 oli, /Carmen Hauser S. 32 ore, /govindji S. 32 uli, /Eknat Imgesign S. 32 ure /M. Schuppich S. 24 ore, /Natalia Greeske S. 34 oli, /saratm S. 34 uli, /Axel Gutjahr S. 35 ure, /summersun S. 35 ore, /Thomas S. 42/43, /Friedberg S. 45, /Scheer Sieglinde S. 47 re, /Production Perig S. 48 ure, /Mathias Podstawka S. 51 re, /Zehra S. 55 ore, /Igor Pushkarev S. 58 oli, /Petra Ballhause S. 58 ore, /Martina S. 60, /cinana S. 62li, /Thomas S. 63 re, /Michael Tieck S. 65 uli, /Pixelmixel S. 76 o, /Orest Lyzhechka S. 76 u, /uckyo S. 77 u, /S. 80 u, /Anna S. 81 o, /Scheer Sieglinde S. 82 o, /Unkas Photo S. 90 u, /laura S. 92 o, /Aygul Bulté 92 u, /irottlaender S. 93 o, /vasanty S. 93 u, /Marlon Bönisch S. 94/95, /DarwelShots S.97 o, /JungLaurent S. 97 Mi, /govindji S. 98 o, /Marta Jonina S. 98 mi, /Kim Britten S. 99 o, / luiwhr S. 99 mi, /avoferten S. 100 o, /SynchR S. 100 mi, /Peter Widmann S. 101 o, /vadiml S.101 u, /Dagmar Breu S. 102/103, /Jörn Kastens S. 106 o, /RRF S. 106 u, /M. Schuppich S. 107 o, /Marc S. 107 u, /World Travel Photos S. 111, /Hans S. 112, /brudertack69 120 re; **Annette Timmermann:** S. 39 alle vier; **Andreas Vietmeier:** S. 65 oli, 66 alle drei, 117 o

IMPRESSUM

Umschlaggestaltung von Claudia Eder – Konzept und Gestaltung – Pocking, unter Verwendung von 10 Farbfotos von: Umschlagrückseite: living4media /Gerlach, Hans; Umschlagklappe hinten außen: Jörg Sabach; Umschlagklappe hinten innen: shutterstock/LUMIKK555; Umschlagklappe vorne außen: mauritius images/Johner Images/Alamy; Umschlagklappe vorne innen: stock.adobe.com/Unregardphotographie oli, /Cora Müller uli, ore, /mehmetkrc mire, /Ludmila Smite ure

Mit 236 Farbfotos.

Alle Angaben in diesem Buch sind sorgfältig geprüft und geben den neuesten Wissensstand bei der Veröffentlichung wieder. Da sich das Wissen aber laufend in rascher Folge weiterentwickelt und vergrößert, muss jeder Anwender prüfen, ob die Angaben nicht durch neuere Erkenntnisse überholt sind. Dazu muss er zum Beispiel Beipackzettel zu Dünge-, Pflanzenschutz- bzw. Pflanzenpflegemitteln lesen und genau befolgen sowie Gebrauchsanweisungen und Gesetze beachten. Die Blütenfarben sind sortenabhängig, daher können auch Farben auf dem Markt sein, die im Buch nicht genannt werden. Die Blütezeiten sind ebenfalls sortenabhängig, aber auch klima- und standortabhängig. Die angegebenen Wuchshöhen und -breiten der Pflanzen sind Mittelwerte. Sie können je nach Nährstoffgehalt des Bodens variieren. Verschiedene Sorten können deutlich größer oder auch kleiner wachsen als die Art. Bei den genannten Personenbezeichnungen wird jeweils nur die männliche Form, zum Beispiel Gärtner, verwendet. Das Buch wird dadurch leichter lesbar. Bitte habt dafür Verständnis.

Unser gesamtes Programm finden Sie unter **kosmos.de**. Über Neuigkeiten informieren Sie regelmäßig unsere Newsletter, einfach anmelden unter **kosmos.de/newsletter**

Gedruckt auf umweltfreundlichem Papier, klimaneutral hergestellt.

greenprint*
klimapositiv gedruckt

Gedruckt nach der Richtlinie „Druckerzeugnisse" des Österreichischen Umweltzeichens. gugler*print, Melk, UWZ-Nr. 609, www.gugler.at

Höchster Standard für Ökoeffektivität. Cradle to Cradle™ zertifizierte Druckprodukte innovated by gugler*. Bindung ausgenommen

ISBN 978-3-440-17110-3
Projektleitung: Birgit Grimm
Redaktion und Bildredaktion: Birgit Grimm
Gestaltungskonzept: Gramisci Editorialdesign,
Gestaltung und Satz: Graphik Design
Claudia Adam, Darmstadt
Produktion: Klaus Jost
Printed in Austria / Imprimé en Autriche